LES CONFRÉRIES

DE

PÉNITENTS DE TULLE

AF495400

PAR

RENÉ FAGE

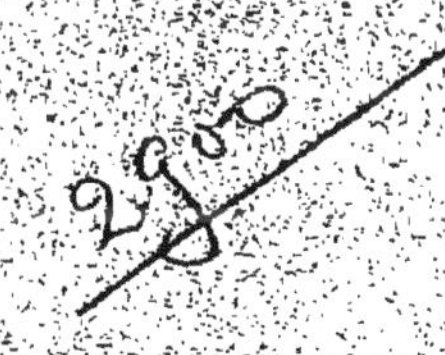

TULLE
IMPRIMERIE CRAUFFON

1905

Lk7
5231

BIBLIOTHÈQUE NATIONALE
R.F.
IMPRIMÉS

LES CONFRÉRIES DE PÉNITENTS

DE TULLE

2900

Lk7
35231

LES CONFRÉRIES

DE

PÉNITENTS DE TULLE

BIBLIOTHÈQUE NATIONALE
R.F.
IMPRIMÉS

PAR

RENÉ FAGE

TULLE
IMPRIMERIE CRAUFFON

1905

NOTES ET DOCUMENTS

SUR LA

CONFRÉRIE DES PÉNITENTS BLEUS DE TULLE

La ville de Tulle était toute meurtrie des coups que lui avait portés le vicomte de Turenne [1]. Sa population décimée, ses murailles ouvertes, ses faubourgs détruits par les flammes et saccagés par les assiégeants, la caisse commune vidée et les notables rançonnés, elle avait subi ces infortunes et restait, pour longtemps encore, vouée à de grandes misères. Mais La Maurie venait de déguerpir et avec lui étaient parties les dernières compagnies de l'armée victorieuse [2]. Les citoyens pouvaient célébrer leur délivrance.

Si le vicomte de Turenne avait arboré l'étendard de la réforme et groupé autour de lui, dans

---

(1) Sur le siège et la prise de Tulle par Henri de La Tour d'Auvergne, vicomte de Turenne, en 1585, voir : Emile Fage, *La Prise de Tulle et sa Délivrance*, Limoges, Barbou, 1885 ; Clément-Simon, *Tulle et le Bas-Limousin pendant les guerres de religion*, Paris, Champion, 1887 ; René Fage, *La Prise de Tulle et son Occupation par l'armée du vicomte de Turenne*, Tulle, Crauffon, 1891.

(2) Le régiment de La Maurie, qui occupait Tulle, partit le 9 février 1586.

son expédition sur Tulle, les principaux capitaines protestants de la région, sa prise d'armes avait eu, avant tout, un caractère politique. Il était le chef des mécontents et cherchait à enlever les places demeurées fidèles au roi. Les Tullistes s'étaient toujours signalés par leur attachement à la cause royale et à la religion catholique [1]. Les cruelles épreuves par lesquelles ils venaient de passer, les lourds sacrifices qu'ils avaient consentis pour recouvrer leur indépendance, les avaient confirmés dans leur fidélité et dans leur foi. Aussi l'éloignement des troupes huguenotes, la défaite de quelques bandes et la mort de La Maurie furent-ils l'occasion de manifestations patriotiques et religieuses.

Comme il arrive la plupart du temps après les crises violentes, la population éprouva le besoin d'affirmer ses croyances et de les fortifier par l'entraînement des œuvres de piété. Henri III avait fondé à Paris, en 1583, une confrérie de pénitents [2] ; il avait lui-même revêtu le sac blanc et suivi à pied leur procession au milieu d'un enthousiasme indescriptible. Les Tullistes pensèrent qu'ils seraient agréables à Dieu et au roi en introduisant dans leur ville une semblable institution. Au mois d'octobre 1590, ils posèrent les bases de la confrérie des pénitents blancs, qui, pendant près de trois siècles, tint ses réunions dans la chapelle de l'hôpital, devenue plus tard la chapelle des pénitents et l'église paroissiale de Saint-Jean.

L'élan était donné. Les Tullistes se sentaient

---

(1) On connaît la devise qu'elle prit dans la suite : *In fide et fidelitate semper immota.*

(2) De nombreuses confréries de pénitents avaient été créées auparavant dans diverses villes de France. Cf. Louis Guibert, *Les Confréries de Pénitents en France et notamment dans le diocèse de Limoges*. Limoges, Ducourtieux, 1879.

naturellement inclinés aux pratiques de dévotion. Sous l'épiscopat de Jean de Genouillac de Vaillac [1], leur ville allait bientôt se peupler de couvents. En 1601, les Récollets relevaient le vieux couvent des Cordeliers. Les Clarisses s'établissaient auprès d'eux en 1605. Les Feuillants fondaient leur monastère en 1615 et les Ursulines en 1618. Dès 1620 la population entrait en pourparlers avec les Jésuites pour leur confier la direction du collège. Les Bernardines achetaient en 1622 l'emplacement sur lequel devait s'élever leur couvent. Les Visitandines, enfin, fondaient leur maison en 1644. Tulle devenait, en quelques années, une véritable ruche monastique. Des cérémonies de toute sorte, des prédications et des processions avaient enflammé les âmes et préparé cet extraordinaire essor religieux. Les habitants se portaient en foule à toutes les fêtes de l'Eglise et voulaient y avoir une place, y jouer un rôle. Les pénitents blancs qui avaient donné le signal du mouvement et qui constituaient déjà une importante confrérie, ne pouvaient accueillir dans leurs rangs tout le monde. Des compétitions s'étaient produites peut-être qui avaient écarté de la compagnie quelques personnages notables ; peut-être aussi pensa-t-on que la création d'une seconde confrérie, distincte par ses statuts et son costume, ne pourrait qu'exciter le zèle et entretenir une pieuse émulation. Si les causes de la fondation de la confrérie des pénitents gris ne nous sont pas connues, nous savons du moins que cette corporation existait au commencement du XVIIe siècle, à l'époque du premier épanouissement de l'idée congréganiste.

---

(1) Jean de Genouillac de Vaillac prit, par procureur, possession de son siège épiscopal le 1er mars 1600 ; il administra le diocèse de Tulle pendant 52 ans.

Nous avons fait ailleurs l'histoire des couvents d'hommes et de femmes qui s'établirent dans notre ville sous l'épiscopat de Jean de Genouillac [1]. La confrérie des pénitents blancs sera probablement un jour l'objet d'une étude spéciale. Dans ce Mémoire nous nous bornerons à classer et présenter au public les notes et les documents que nous avons recueillis sur les pénitents gris, devenus plus tard les pénitents bleus de Tulle.

La confrérie dont nous nous occupons, se plaça, dès l'origine, sous le patronage de saint Jérôme. La chapelle du Puy-Saint-Clair lui fut concédée pour ses réunions et ses exercices. Elle adopta, comme costume distinctif, le sac gris. Les confrères prirent le nom de Pénitents gris, *penitentes cinerei*. A la fin de l'année 1733, la compagnie demanda et obtint l'autorisation de changer la couleur de ses sacs. Les pénitents gris devinrent alors les pénitents bleus ; mais rien ne fut modifié que la couleur de leur robe ; ils conservèrent leur patron, leurs statuts et le siège de leurs réunions. Ils ne furent, en réalité, qu'une même confrérie et l'histoire des pénitents bleus n'est que la suite indivisible de l'histoire des pénitents gris.

Etienne Baluze leur consacre ces quelques lignes seulement : « Le 16 des calendes de juillet 1628, le pape Urbain VIII confirma la confrérie et les statuts des pénitents gris instituée auparavant dans notre ville. Ils célèbrent leurs exercices dans la chapelle qui a été bâtie au Puy-Saint-Clair,

(1) Voir : *Le Vieux Tulle*, p. 291-378, et *La Vie à Tulle aux XVIIe et XVIIIe siècles*, p. 51-58.

aux portes de la ville [1] ». Le vicaire général Bertrand de Latour, qui, dans son histoire de l'Eglise de Tulle, n'a omis de signaler aucune autre des fondations de son temps, ne parle pas de la confrérie des pénitents gris. M. l'abbé Poulbrière [2], dans son *Histoire du Diocèse de Tulle,* et M. l'abbé Bertry, dans son *Histoire de Tulle,* n'en disent pas un mot. Il faut se reporter au savant ouvrage de M. Louis Guibert sur *Les Confréries de Pénitents en France,* pour en trouver une mention de quelque étendue [3].

Et pourtant cette confrérie n'a pas traversé deux siècles et demi sans laisser une trace de son influence. Elle est née d'un besoin du temps, s'est développée rapidement, a compté dans ses rangs des personnages importants ; elle a eu tour à tour des périodes de fortune et de décrépitude. Pour quiconque veut étudier l'état des esprits aux trois derniers siècles, elle est un élément qu'il ne faut pas négliger.

Les archives publiques du département de la Corrèze et de l'hôtel de ville de Tulle sont peu riches en documents sur les confréries de pénitents. Mais chacune de ces corporations avait des archives particulières, des registres sur lesquels étaient soigneusement transcrits tous les actes qui la

---

(1) « *Anno MDCXXVIII. XVI. Kal. Julii Urbanus Papa VIII. Confirmavit sodalitatem et statuta pœnitentium cinereorum antea in urbe nostra institutam. Exercitia illi sua celebrant in sacello quod ædificatum est in podio Sancti Clari juxta urbem.* » (Etienne Baluze. *Historiæ Tutelensis libri tres*, p. 273.)

(2) Dans le tome XI du Bulletin de la *Société des Lettres, Sciences et Arts de la Corrèze* (p. 142-145), M. l'abbé Poulbrière a publié une requête de M. du Mirat, curé de Saint-Pierre, contre les pénitents bleus.

(3) M. Louis Guibert, après avoir relaté le changement de couleur des sacs des pénitents gris, se borne à résumer la querelle qui éclata entre le curé de Saint-Pierre et la confrérie. (*Les Confréries de Pénitents en France*, p. 172-173).

concernaient. C'est à ces sources qu'on doit puiser si l'on veut écrire leur histoire.

Un inventaire de 1680 nous fait connaître les livres et pièces constituant à cette date les archives des pénitents gris. Nous le reproduisons ici :

INVENTAIRE DES TITRES, LIVRES ET PAPIERS APPARTENANT A LA COMPAGNIE DE MESSIEURS LES PÉNITENTS GRIS DE LA VILLE DE TULLE. 1680.

Un livre contenant divers deliberatoires, receptions, et autres affaires concernant lad. compagnie, couvert en parchemin, contenant et numeroté d'un costé de soixante deux feuillets et de l'autre costé numeroté de treize feuillets ou il y a divers contracts de fondacion, led. livre commancé l'an 1601 et fini l'an 1642.

Plus autre livre commancé led. an 1642 et fini l'an 1652 composé et numeroté de feuillets un jusqu'a cent sept, couvert de parchemin, contenant de mesme divers actes et affaires de lad. compagnie.

Plus autre livre couvert comme les autres de parchemin, commancé l'an 1652 et fini l'an 1660, contenant des affaires et actes de lad. compagnie numeroté depuis feuillet un jusqu'a feuillet 43.

Plus le present livre commancé l'an 1660 jusqu'a la presente année 1680, couvert de bazanne et numeroté depuis fol. un jusqu'a present feuillet 101, concernant les mesmes affaires de lad. compagnie.

Plus autre livre couvert de parchemin numeroté d'un costé de cinq feuillets et de l'autre de trois feuillets, contenant certains actes et affaires qui concernent la frairie ou compagnie desd. sieurs penitens.

Plus une expedition ou bulle expediée en cour de Rome dans une grande feuille de parchemin scellée d'un sceau de plomb avec un cordon de soye jausne et rouge, datée de mille six cents vingt huict, etc.

Plus autre expedition en cour de Rome dud. an 1628 et du

12e decembre, l'an 6e du pontificat de Urbain contenant diverses indulgences concedées à lad. compagnie.

Plus la fulmination desd. bulles faites par Bertrand de Latour lors official, en date du 15 septembre 1629...

En 1690 nous retrouvons mentionnés les mêmes livres et documents et en outre divers extraits de testaments et de donations. Dans un inventaire de 1740, il n'est fait mention que du second livre (de 1642 à 1652) contenant 107 feuillets, de la bulle de 1628, des catalogues ou listes de confrères dressés par les syndics successifs, d'une requête présentée à l'évêque pour obtenir l'autorisation « d'ensevelir les patiens », d'une autre requête relative au changement de la couleur du sac, d'une délibération prise au sujet d'une relique du saint-sépulcre, enfin d'une série de comptes rendus par les syndics. Dès cette époque le premier et le troisième livres des délibérations avaient disparu.

Le seul livre conservé aujourd'hui, ou du moins le seul que nous ayons pu consulter, est celui sur lequel se trouvent établis les inventaires dont nous venons de parler. Il est le plus important de tous, puisque, commencé en 1660, il contient les délibérations et les actes de la compagnie jusqu'en l'année 1775. Il est resté dans les archives de la confrérie et nous a été communiqué par M. le chanoine Mary, doyen du chapitre et ancien archiprêtre de Tulle. C'est de ce livre que nous avons extrait les notes et les documents qui forment le fond de notre étude.

Les indications contenues dans l'inventaire de 1680 nous permettent de préciser assez exactement la date de l'institution des pénitents gris. Le premier livre, en effet, qui y est mentionné, avait été commencé en 1601 ; on y trouvait, avec diverses minutes de délibérations, la transcription des « contracts de fondacion ». Ce livre, décrit en tête du plus ancien inventaire des titres, remontait donc à l'origine de la confrérie, et la date de 1601 peut être considérée comme celle de son établissement.

A en juger par le petit nombre de feuillets qui le composaient (75 feuillets) et le long usage auquel il put suffire (41 ans), on peut croire que la confrérie eut des débuts peu prospères et ne fit pas, en commençant, beaucoup de prosélytes. Elle se contenta d'abord de l'institution canonique de l'évêque et ne soumit ses statuts à l'approbation du pape qu'en 1628.

Ces statuts, qui durent être rédigés dans les premiers mois de l'année 1601, nous ne les avons pas en leur forme primitive ; mais ils ont été résumés, sinon transcrits intégralement, dans la bulle qui suit :

BULLE DE LA FRAIRIE DES PENITENS GRIS DE SAINT HYEROME DESERVIE DANS LA VILLE DE TULLE.

Urbain evesque serviteur des serviteurs de Dieu pour une particuliere memoire de la chose : L'office supreme de la servitude apostolique a nous commis quoyqu'indigne par la disposition de Dieu, requiert que les choses qui sont reconues avoir esté providament faites establies et ordonnées pour l'heureux estat des confrairies principalement des seculiers vacant aux œuvres de devotion pieté et misericorde soient munies de nostre sauvegarde et du siege apostolique afin qu'elles demeurent fermes perpetuellement et inviolables.

Or a la demande a nous faite depuis peu de la part de nos chers fils les confreres de la confrerie appeles des gris en la ville de Tulle instituée canoniquement de l'autorité ordinaire contenoit que d'autrefois lesdits confreres pour s'exercer en œuvres pies et conserver entre eux en leur exercice la paix et concorde ont fait des statuts et constitutions comme s'ensuit :

Sçavoir est que le premier dimanche de chasque mois tous les confreres de la mesme confrerie vestus de leurs habits ou sacs s'assemblent dans le cœur de l'eglise ou chapelle de lad. confrairie pour faire leurs prieres matutinales chanter l'office de la saincte Vierge assister a la celebration de la saincte messe et corriger les defauts d'un chacun en particulier et qu'a la feste de sainct Hyerome leur patron et advocat ils chantent l'office du mesme sainct Hyerome dans ladicte eglise ou chapelle ; puis qu'ils y fassent celebrer le sainct sacrifice de la messe a temps deu et qu'apres s'y estre bien confesses ils soient repeus de la sacree communion enfin qu'ils celebrent la procession a la coustume ordinaire de la permission de l'ordinaire du lieu ;

Le mesme premier jour de dimanche de chasque mois restant confessés et semblablement veritablement penitens de leurs pechês, qu'ils recoivent le tres sainct sacrement de l'Eucharistie ; que a chasque jeudi de caresme assembles en ladite eglise ou chapelle a temps et heures deües recitent l'office ; lequel achevé le prieur de ladite confrerie assis animera a la pieté les cœurs languissants par une brieve exhortation ; a la fin de laquelle ceux qui voudront prenent la discipline durant l'espace de temps qu'on recitera le pseaume *Miserere mei Deus* ; que tous, le jeudi de la sepmaine saincte, vestus de leurs sacs et vestemens susdicts la discipline pendante a la ceinture sur les sacs ou vestemens visitent les eglises et chapelles de ladite ville ; qu'ils celebrent avec modestie les processions la veille de saint Jean-Baptiste et feste de la tres saincte Trinité et autres ordonnées par ladite frairie de la licence de l'ordinaire selon les occurrences du temps ; qu'ils visitent les confreres de la mesme confrerie, assistent aux funerailles des mesmes confreres decedés, consolent et aident par leurs biens les pauvres selon leur pouvoir, exercent les œuvres de charité envers toute sorte des personnes, évitent la societé et familiarité des meschants, s'abstiennent des parolles salles parjures et blasphemes, que partout ils fassent paroistre leur modestie et leur pieté, et s'il arrive que quelqun de la confrerie peche en public on l'excusera pour la premiere fois, pour la seconde fois il sera mulcté au gré du directeur non toutefois d'une peine pecuniaire; que si par malice ou opiniastreté il retombe dans la mesme faute sera chassé de l'assemblee de ladite confrairie, qu'ils obeissent au recteur ou superieur de la mesme confrerie, qu'ils gardent le silence dans leurs assemblees, et ne rendent ni donnent leurs advis sur les choses proposées qu'a leur rang et lieu ; et nul ne sera excusé de l'observation des presents statuts que par infirmité ; les personnes voulant estre admises dans ladite confrairie s'y disposent par une bonne confession et communion et portent attestation de leur confession generalle ; pour la direction de ladite confrairie ou congregation on nommera un prieur et sous-prieur et deux scindics et plusieurs autres officiers pour un ou deux ans selon qu'on verra estre necessaire, et comme la diversité des temps le requerra ; enfin les confreres de la mesme confrerie receus et a recevoir promettent par serment de garder les mesmes statuts ;

Or puisque, comme la demande ajoustoit, les choses qui sont fortifiées par nostre protection et du siege apostolique subsistent plus fermement, nous avons eté suppliés de la part desd. confraires de daigner approuver les statuts pour leur plus ferme subsistance et pourvoir commodement aux choses susdites de bénignité apostolique : Nous donques, cherchans le salut d'un chacun, accordons librement la grace requise aux louables vœux des fidelles, absolvans par ces presentes lesdits confreres et leurs personnes singulieres de toute sorte d'excommunication, suspension, interdiction et autres ecclesiastiques sentences, censures et peines indites de droict ou par hommes pour quelquelle occasion ou cause que ce soit s'ils en sont touchés en quelque facon pour obtenir seulement l'effect des presentes, inclinans a leurs prieres approuvons et confirmons par authorité apostolique a perpetuité lesdits statuts et ordonnances et leur donnons la force de la perpetuelle et inviolable fermeté, ordonnons quelles seront valides et efficaces et perpetuellement et fermement gardees par ceux auxquels il appartient et appartiendra a l'advenir sans pouvoir jamais s'en departir, mais qu'ils seront toujours obligés à leur observation et par ainsi qu'un chacun le doibt treuver bon, que tous juges le doivent ainsi determiner, et tout ce qui sera attenté au contraire par qui et de quelque authorité que ce soit sciemment et ignoramment soit en vain et de nul effect. C'est pourquoy Nous, par les escrits apostoliques, mandons a nos chers fils les officiaux de nos venerables freres les evesques de Tulle, Perigueux, Sarlat, que tous trois ou deux ou un, par soy ou autre, ou autres, fassent garder inviolablement de nostre authorité a tous ceux qu'il appartient et appartiendra a l'advenir nos presentes Lettres et toutes les choses contenues en icelles les publians solennellement ores et quand il sera besoin et qu'ils en seront requis de la part des modernes et de ceux qui sont presentement ou qui seront lors confreres de ladite confrerie ou de quelquun d'iceux leur assistans ez choses susdites d'ayde et de defense efficace, ne permettans qu'eux ni aucun d'eux soit pour raison de ce molesté induement de qui et comment que ce soit, reprimans tous ceux qui y contreviendront et seront rebelles par sentences, censures, peines ecclésiastiques selon la forme du sacré Concile de Trente et autres remedes opportuns de droict et de faict, nonobstant appellations quelconques, implorans a ce s'il est besoin le bras seculier, nonobstant l'ordonnance du Pape Boniface huictieme d'heureuse memoire nostre predecesseur par laquelle il est défendu que personne ne soit appelé en jugement hors de sa cité ou de son dioceze sinon en certains cas y exprimés audela d'une diete a prendre des confins de son dioceze ou que les juges deputés du mesme sainct siege ne soient pas si hardis de prendre conoissance ou commettre d'autres en leur place pour proceder contre quelque personne que ce soit hors de la cité ou dioceze dans laquelle ils auront esté deputés, et publiée dans le Concile general des deux dietes pourveu que personne ne soit appelé en jugement en vertu des presentes audela de trois dietes et autres constitutions et ordonnances apostoliques et toutes autres choses contraires, ou s'il a esté accordé par le sainct siege a quelques uns en commun ou en particulier que ils ne puissent estre interdicts, suspendus ou excommuniés par les rescrits apostoliques qui ne fairont pleine et entiere mention de mot a mot du susdict indult ; que donc personne ne soit si hardy d'enfraindre ces presentes ou s'y opposer par un attentat temeraire, par lesquelles nous donnons absolution, approbation, confirmation par nostre decret et mandement auxd. presentes que si quelqu'un oze l'entreprendre qu'il scache qu'il encourra l'indignation du Dieu tout puissant et des bienheureux saint Pierre et saint Paul apostres.

Donné a Rome a Sainte Marie Majeure l'an de l'incarnation de nostre Seigneur mil six cents vingt et huict, le seiziesme des calendes de juillet, de nostre pontificat le cinquiesme.

Cette bulle fut fulminée le 15 septembre 1629 par Bertrand de Latour, doyen de l'église cathédrale de Tulle, official.

Reconnue et approuvée par Urbain VIII, la confrérie se mit immédiatement en instance pour obtenir du pape une concession d'indulgences qui stimulerait le zèle des fidèles et gagnerait à la compagnie de nouvelles adhésions. Sa demande fut accueillie le 12 décembre 1628, ainsi qu'il résulte de la lettre suivante :

Urbain pape huictiesme, pour la perpetuelle memoire, comme nous avons appris qu'il y avoit en l'eglise ou oratoire de sainct Hyerome de la ville de Tulle une pieuse et devote confrerie des fidelles en Christ de l'un et de l'autre sexe appelée des Gris canoniquement instituée soubs l'invocation dud. sainct Hyérome, non seulement pour les personnes d'une mesme vacation, dans laquelle les confreres et les confreresses ont accoustumé d'exercer plusieurs œuvres de piété et de charité ; Nous, afin que lad confrerie s'augmente tous les jours, appuyés sur la miséricorde de Dieu tout puissant et sur l'autorité de sainct Pierre et autres apostres,

Concedons pleniere indulgence a tous les fidelles en Christ de l'un et de l'autre sexe au premier jour de leur reception dans la confrérie s'ils se sont confessés et communiés ;

Donnons aussy indulgence pleniere non seulement a ceux qui sont presentement enrolés dans lad. confrérie, mais aussy aux confreres et confreresses qui s'y enrolleront a l'avenir, a l'article de la mort pourveu que confessés et communiés ou du moins contrits s'ils ne peuvent pas faire autrement, prononcent devotement de cœur ou de bouche le sainct nom de Jesus ;

Concedons de plus misericordieusement en nostre Seigneur aux memes confreres et confreresses veritablement penitens confesses et repeus de la sacrée communion, indulgence plenière et remission de tous leurs pechés pourveu qu'au jour et feste dud. sainct Hyerome ils visitent devotement tous les ans depuis les premieres vespres jusqu'au soleil couchant l'eglise chapelle ou oratoire et y fairont leurs prieres pour la paix entre les princes chrestiens, l'extirpation de l'heresie et exaltation de la saincte mere eglise ;

De plus donnons sept ans d'indulgence et tout autant de quarantaines aux susd. confreres et confreresses veritablement penitens, confessés et repeus de la même sacrée communion le jour qu'ils visiteront l'eglise, chapelle ou oratoire susd. aux festes de la Nativité, Annonciation et Assomption de la bienheureuse Vierge Marie et là prieront Dieu et fairont les choses susd., toutes et quantes fois qu'ils assisteront a la messe et autres divins offices qu'on celebrera ou recitera dans lad. eglise, chapelle ou oratoire, aux assemblées publiques ou particulieres de la mesme confrerie en quelqu'endroit que ce soit, recevront les pauvres dans leur maison, faisant la paix ou la procurant par leur mediation entre ennemis, accompagneront a la sepulture les corps des deffuncts confreres ou confreresses, fairont procession de la licence de l'ordinaire, accompagneront le sainct sacrement tant aux processions que lors qu'on le portera aux malades ou autrement, ou s'ils sont empeschés s'ils disent au signe donné de la cloche pour cet effect une fois l'oraison dominicale et le salut angelique, ou reciteront cinq fois l'oraison et salut susd. pour les ames des defuncts confreres et confreresses de la meme confrerie, remettront quelque pecheur dans la voye de salut, enseigneront aux ignorans les commandemens de Dieu et les choses necessaires pour leur salut, ou s'exerceront dans quelque autre œuvre de charité ou de pieté ;

Pour chascune desd. œuvres leur relaxons soixante jours de la penitence a eux enjointe, ou qu'ils seront tenus autrement de faire en la maniere accoustumée de l'eglise, les presentes valant a perpetuité a l'avenir ;

Voulons encore que si quelqu'indulgence perpetuelle ou a temps non encore escheu a esté par nous concedée autrefois ausd. confreres et confreresses qui fairont les choses susd. les presentes soient nulles ; que si lad. confrairie est desja aggregée a quelque archiconfrerie ou s'y aggregera a l'avenir, ou est instituée par quelque autre raison, voulons que les premieres et autres lettres apostoliques ne leur servent en aucune facon, mais qu'elles soient de lors du tout nulles.

Donné à Rome a Saint Pierre, sous l'anneau du pescheur, le douziesme decembre mil six cent vingt huict, de notre pontificat le sixiesme.

Ainsi signé a l'original.....

On pourrait croire, à la lecture de ce bref, que la confrérie des pénitents gris de Tulle était ouverte aux femmes. Le pape, en effet, semble répondre à une demande formée par « une pieuse et dévote confrerie de fidelles en Christ de l'un et de l'autre sexe » ; il accorde des indulgences « aux confreres et confreresses ». Ce n'est là qu'une formule usitée dans les réponses à ces sortes de requêtes. Il existait en Italie et dans le Midi de la France des confréries de pénitents qui admettaient les femmes. Mais en Limousin [1] et à Tulle notamment les hommes seuls ont pu faire partie de ces associations. Dans les catalogues de confrères nous n'avons pas trouvé le nom d'une seule femme.

Peu de temps après leur reconnaissance par l'autorité pontificale, mais à une date que nous ne pouvons fixer, les pénitents gris complétèrent leurs statuts. Cet important document, transcrit sur le registre de la confrérie, comprend les trente-sept articles que nous reproduisons :

Regles et Statuts des Freres Penitans gris institués soubs l'invocation de sainct Hierosme.

Article Ier. — Nous serons tenus d'assister a tous les offices

---

(1) Cf. Louis Guibert. *Les Confréries de Pénitents*, pp. 41 et 109.

qui sont portés par la Bulle de nostre statut concedée par nostre sainct Pere le Pape Urbain VIIIe, a peyne huict sols que chascun deffailhant payera sauf excuse legitime laquelle il faira proposer le jour de l'absance ou icelle entendre le jour de l'assemblée immediatement suivante ; et ou quelqu'un aura faict absance sans excuse par trois fois il sera deliberé a son biffement.

Art. IIe. — Un chascun de nous en assistant ausdicts offices et tandis iceux sera vestu de son habit, et celuy qui manquera sera expellé de la tribune.

Art. IIIe. — Durant lesdicts offices chascun tiendra le rang de sa reception, les prieur et soubs-prieur placés en leur place.

Art. IVe. — Nul ne pourra entreprendre de sonner ou faire sonner la cloche desd. offices ou de commencer iceux sans le commandement prealable du prieur ou luy absant du soubs-prieur ou en cas d'absance desd. prieur et soubs-prieur de l'un des scindicqs ou eux aussy absans du plus antien des confreres qui assisteront soit-il ecclesiastique ou laïque.

Art. V^{e}. — Nul aussy ne pourra s'ingerer pendant lesd. offices de prononcer les antiennes, lire et reciter les lecons et versets qui se disent sans avoir pour ce licence du prieur ou luy absant du soubs-prieur, laquelle licence sera faicte aux prestres confreres si aucuns d'eux sont presans, sinon a ceux des autres confreres assistans et tels qu'il plaira audict sieur prieur et soubs-prieur ou eux absans au premier des scindicqs.

Art. VIe. — En disant lesd. offices nous chanterons alternativement, posement et sans preoccupation l'un de l'autre, ni anticiperons les versets, et au *Gloria Patri* nous nous leverons durant icelluy serons inclinés.

Art. VIIe. — Ceux qui ne scavent lire ni chanter se tairont et seront attentifs a l'office sans sortir de leur place.

Art. VIIIe. — Ez jours des indulgences attribuées à la confrerie par nostredict sainct Pere le Pape nous serons aussy tenus d'assister aux offices en la chapelle sauf toutes fois legitime excuse qui se proposera le jour mesme ou la prochaine assemblée apres a peyne de huict sols contre chacun absant.

Art. IXe. — Un chascun de nous entrant et sortant de la chapelle prandrons de l'eau benite, fairons la genuflection et baiserons la terre devant l'image du sauveur ou celluy de nostre glorieux patron.

Art. X^e^. — Nous aurons chascun nostre habit assorty de capuchon, de ceinture et chapelet, escusson de nostred. glorieux patron attaché sur l'epaule gauche.

Art. XIe. — Ceux qui seront trouvés n'avoir led. habit aveq sond. assortiment s'en pourvoieront dans quinze jours apres sur peyne d'estre biffés.

Art. XIIe. — Nul ne pourra transporter son habit hors de la chapelle sauf qu'il fallut le recoudre ou rapiecer, auquel cas seulement il pourra l'emporter en ayant donné advis a l'un des scindicqs, pour apres que led. habit aura esté rabilhé le rapporter et le remettre dans son coffre ou armoire sur mesme peyne de biffement.

Art. XIIIe. — Tous nos habits seront faicts et rabilhés par celluy que la Compagnie nommera et auquel sera payé pour la facon de chascun desd. habits comme sera ordonné, et ceux qui pour l'advenir voudront entrer en la confrerie seront advertis de luy bailher a faire led. habit des lors qu'il aura esté resolu qu'ils seront receus.

Art. XIVe. — Chascun marquerons nostred. habit de nostre marque pour estre mieux recogneus et tiendrons nosd. habits pliés et enfermés soubs clef ez coffres et armoires lesquels coffres et armoires seront vernis bien et fermeront a clef par ceux ausquels ils seront distribués ou ausquels appartiendront lesquels les fairont rabilier et fermer a bonnes clefs.

Art. XVe. — Ez jours du jeudy ore de la saincte Trinité, veille de sainct Jean Baptiste et de nostre glorieux patron, esquels nous sommes obligés de marcher en procession par notre Bulle, celluy qui aura devotion de porter la croix la demandera au prieur ou en son absance au soubs-prieur sans s'ingerer de la prandre de soy mesme et en sera de mesme quant aux bastonniers lesquels lesd. prieur et soubs-prieur donneront a ceux qui les demanderont par devotion et aveq humilité sans qu'aucun ose se mettre en avant de donner lesd. croix et bastons lesd. prieur et soubs-prieur presans.

Art. XVIe. — Avant le despart et la procession nous retirerons revestus de nos habits dans la chapelle de derriere la tribune et en sortirons chascun nommé par rang de reception et marcherons devant lad. procession deux a deux, la croix premiere, les bastonniers l'un a costé du prieur pour prandre son commandement et les autres aux ailes pour tenir les rangs bien proportionnés.

Art. XVII°. — Ez dictes processions chascun irons pieds nus sauf legitime excuse laquelle avant que partir l'on sera tenu faire entendre ausd. prieur et soubs-prieur, comme aussy marcherons chascun la chandelle allumée le porte croix et bastonniers exceptés et tandis la procession la pitié, la modestie soit au chant soit au marché seront en recommandation.

Art. XVIII°. — Les scindicqs auront le soin de tenir la cire preparée necessaire a l'autel et la tribune et aux confreres ez jours des processions et enterrement des deffuncts.

Art. XIX°. — Le jour du Jeudi Sainct tant que le sainct Sacrement reposera au monument d'heure en heure deux de nous seront tenus d'assister a genoux durant une heure devant le monument ainsi qu'ils seront advertis par les scindicqs qui suyvant la liste des rangs de reception commencent par les derniers receus, et led. jour se pourra pratiquer le lavement des pieds qui se souloit faire au commencement de nostre institution, a laquelle nous serons tenus de nous porter si lesd. prieur et soubs-prieur aveq les deffiniteurs de lad. frerie s'il se trouve expediant.

Art. XX°. — Le Vendredi Sainct durant l'office qui se fait lors dans lad. chapelle pour retirer le sainct Sacrement du monument, nous serons tenus d'assister vestus de nosd. habits et chanter en la tribune et au bas lesd. offices devotement sauf ceux qui auront legitime excuse laquelle ils fairont comme dessus.

Art. XXI°. — Chascun payera son frais et sa despense qu'il aura convenu faire a la construction du monument comme aussy son debvoir du jour de nostre glorieux patron sans faire de remise ny d'arreyrages et les arreyrages qui sont du passé les debiteurs d'iceux les payeront sans plus retarder ou a faute de ce faire sera deliberé a leur biffement.

Art. XXII°. — Les scindicqs observeront les malades et en

advertiront aussy tost le prieur ou soubs-prieur, l'un desquels aveq l'un desd. scindicqs, un des antiens et autre des nouveaux confreres tels qui seront mandés iront voir et visiter les malades iceux consoler et pourvoir l'administration des sacremens et assisteront s'il se peut à l'agonie des decedés.

Art. XXIIIe. — Et advenu le deces d'un quelqu'un le prieur et scindicq accompagnés des six derniers receus freres laïques se randront dans la maison du decedé pour faire laver le corps et le vestir de nostre habit puis dire l'office des morts et fairont cepandant sonner la cloche de la chapelle durant le temps accoustumé et fairont advertir les autres confreres et assembler dans lad. chapelle ou serons tenus de nous rendre pour faire compaignie vestus de nos habits processionnellement la chandelle allumée a l'enterrement du corps, allant aud. enterrement chanterons le *Miserere* ou *De Profondis* et en retour on escrira le jour du deces dud. frere et ceux qui auront manqué au debvoir sans une legitime excuse sera multé comme est porté au premier article. Lesd. six derniers confreres ne quitteront jamais le corps pendant la nuit.

Art. XXIVe. — Si tant est que le deffunct confrere soit trouvé avoir fondé pour le bien de la confrerie extrait de sa disposition sera rapporté et au cas que la confrerie accepte la fondation sera leuė et inserėe dans le livre de lad. confrerie et le service y porté faict annuellement et sans manque dont les-scindicqs prandront le soing et fairont aussy faire les services desja fondés comme leur est enjoinct.

Art. XXVe. — S'il survient qu'aucun de nous soict tombé ou detenu en proces criminel, tandis ledict proces il ne pourra entrer en la compagnie, bien icelluy fini se pourra remettre et revenir en faisant apparoir de son jugement ou du contract d'accort ou composition aveq la partie et payera neanmoingts les arrerages de ses debvoirs du temps de l'absence.

Art. XXVIe. — Les scindiqs s'enquerront des animosités et malveilhances qui surviendront entre nous et a la plus prochaine assemblée deferreront les coupables mesmes sy ils sont lors presans pour sur le champ estre faict reconciliation et celluy qui reffusera de faire lad. reconciliation et aussy de faire la penitence qui lui sera enjoincte par le prieur et soubs-prieur sera purement biffè de lad. confrerie sans espoir d'y rantrer plus.

Art. XXVIIe. — Observeront en outre lesd. scindicqs ceux d'entre nous qui auront manqué en quelque point de nos regles et statuts comme aussy ceux qui sont habitués au blaspheme, a l'usure, a la pailhardise, au faux temoignage, aux fausetés, au larcin et vivent escandaleuzement et sans amendement, affin qu il puisse estre deliberé au biffement du coupable.

Art. XXVIIIe. — Nous nous entraymerons respectivement et entrobserverons l'honneur, et sera randu respect et reverance aux prieur et soubs-prieur et autres officiers et autres ayans heu charge ou non.

Art. XXIXe. — Les scindicqs seront aussy tenus d'advertir la compagnie des confreres indigens afin que la charité leur soict faicte.

Art. XXXe. — Dorsenavant toutes les affaires de la confrairie seront traictées et resolues par les prieur et soubs-prieur que autres officiers appelés avecq eux dix deffiniteurs qui seront annuellement esleus et presteront le serement du secret le jour de nostre glorieux patron, et tout ce qui sera entre eux deliberé sera exécuté ne plus ne moings que si nous avions tous opiné en la deliberation et ceux qui seront trouvés avoir decellé le secret seront biffés de la confrerie.

Art. XXXIe. — Rendront compte les vieux scindicqs aux nouveaux au commencement de la charge par devant le prieur et soubs-prieur appelé a ce voir faire quelquun des vieux confreres, et les nouveaux scindicqs se saisiront des choses qui appartiennent a lad. confrerie par description sommaire signée d'eux, laquelle aveq leurs dits comptes sera retenue dans l'archive de lad. confrerie.

Art. XXXIIe. — Il sera fait un coffre a neuf fermant a clef bien assuré dans lequel tous papiers de lad. confrerie, le livre d'icelle, la Bulle, les originaux de nostre statut, l'indulgence et autres seront fermées, et led. coffre aura trois diverses clefs l'une desquelles sera devers le prieur l'autre devers le soubs-prieur et l'autre debvers l'un des scindicqs.

Art. XXXIIIe. — Il ne pourra estre accordé dans la chapelle que nous avons faict construire a nos despans aucune sepulture que ce ne soit de l'advis desd. prieur, sousbs-prieur, scindicqs et deffiniteurs, et des concessions qui seront faictes cy-apres sera tenu memorial et acte d'eux signé dans led. livre.

Art. XXXIVe. — Le scribe sera electif et triennal seulement et sera tenu de se trouver a toutes les assemblées et deliberations pour escrire et signer les resolutions qui auront esté prises sur les affaires proposées.

Art. XXXVe. — Masquerades sont deffandues sur peyne de biffement, comme aussy nul sergent et mazellier ne pourra estre receu et lad. confrerie.

Art. XXXVIe. — Tous ceux qui voudront estre receux en la confrerie seront advertis par leur adresse de parler et declarer leur devotion a l'un des scindicqs par lequel ils seront presantés aux prieur et soubs-prieur et apres s'estre presantés a trois diverses fois leur sera faict avis par les scindicqs de faire leur confession générale recevoir le sainct sacrement de quoy rapportant le certificat de leur pere confesseur il sera deliberé la premiere assemblée et apres sur leur reception s'ils sont bien qualifiés, et en procedant a leur dicte reception, lecture des regles de la confrerie leur sera faicte et eux prometttront de les observer inviolablement.

Art. XXXVIIe. — Au cours de l'année ne sera faict aucune reception des postulans que ez jours de nostre glorieux patron, des jeudis du caresme, de la veille sainct Jean-Baptiste, de la purification, de l'Assomption et de la Nativité Notre-Dame, a quelqun desquels jours le postulant sera remis ayant esté deliberé sur la reception et sera tenu de se presenter au jour remis aveq son habit a neuf complet de tout assortiment, et lors il sera vestu et reçeu avecq la formalité requise. Que s'il y a opposition a la reception pour legitime cause lad. reception sera differée a autre jour cependant si lad. cause se trouve veritable il sera rejeté et renvoyé.

L'esprit de la confrérie se dégage nettement des divers articles de ce règlement.

Elle est ouverte à toutes les classes de la société ; deux seules professions en sont exclues : celle des sergents et celle des mazeliers ou bouchers [1]. Le peuple avait une sorte de répulsion pour les sergents ; il tenait à l'écart ces exécuteurs rigoureux des mandements de justice, ces fauteurs de bien des discordes privées. Quant aux bouchers, leurs mœurs violentes et grossières eussent été une gêne pour beaucoup de confrères.

La première condition pour être admis est l'honnêteté ; il faut être « bien qualifié ». Mais il faut aussi déclarer « sa dévotion » et faire preuve de pratique religieuse. Un certificat de confession et de communion est exigé des postulants. La Société, étant avant tout une confrérie de dévotion, ne consent à s'affilier que des personnes pieuses. Sa raison d'être est l'efficacité de la prière en commun, le perfectionnement dans la vertu par l'exemple. Ses œuvres tendent à ce double but : réunions pour prier, réunions pour entendre des exhortations et des prones.

Ses membres doivent observer une exacte discipline et se soumettre aux règles de la hiérarchie. Le commandement appartient au prieur ou, à son défaut, au sous-prieur. S'ils sont absents, l'un des syndics, ou le plus ancien confrère, le supplée. Dans les processions, quelque soit la situation sociale des confrères, on marche par rang d'ancienneté. Le porte-croix et les « bâtonniers » sont désignés par le prieur. La plus grande déférence est due aux officiers de la confrérie.

C'est le prieur, ou le dignitaire qui le remplace en cas d'absence, qui veille au bon ordre et à la décence des cérémonies. Nul ne doit chanter et lire à haute voix sans une autorisation. La tenue aux offices et dans les cortèges est réglée avec soin. La surveillance s'exerce même en dehors des lieux de réunion. Le confrère qui prendrait

---

(1) Cette exclusion était tombée en désuétude au XVIIIe siècle ; en 1722 nous trouvons des huissiers et des mazeliers sur la liste des confrères.

part à une « mascarade », qui transporterait son habit hors de la chapelle, qui aurait une conduite irrégulière ou causerait un scandale, serait réprimandé et même, si le cas était grave, chassé de la compagnie.

Une égalité parfaite régnait, en principe, entre les membres. Le costume ou sac était fait pour cacher sous ses plis et sous son capuchon les signes extérieurs des inégalités sociales. L'uniformité de l'habit était obligatoire ; même coupe, même tissu pour tous les confrères. « Tous nos habits seront faicts et rabilhés par celui que la compagnie nommera. » Chaque postulant est prévenu qu'aucune fantaisie ne sera tolérée ; il s'est soumis à cette règle en entrant dans la Société.

Le sac des pénitents de Tulle n'avait rien de particulier ; il consistait en une robe de toile grise, non ajustée, semblable à une grande chemise ou à une longue blouse qui tomberait jusqu'à terre. Cette robe était serrée à la taille par une corde rouge dont les bouts flottants avaient deux ou trois nœuds. Faisant corps avec le sac, un capuchon de même couleur grise, couvrait la tête. Il était percé de deux trous à hauteur des yeux lorsque le capuchon était rabattu sur le visage. Dans les derniers temps de leur existence, tout au moins, les pénitents des deux confréries de Tulle relevaient le capuchon sur le front où il restait retenu par quelques plis [1]. Les manches étaient de largeur moyenne et assez longues pour pouvoir

---

(1) Il résulte d'une requête de M. du Mirat, curé de Saint-Pierre, dont il sera question plus loin, que, dans la première moitié du XVIIIe siècle, le capuchon cachait « la teste et le visage de telle façon qu'il est impossible de connoistre un homme masqué soubs ces habits. »

recouvrir les mains si on ne les repliait pas sur le poignet. Pour tout ornement, la robe avait, à l'épaule gauche, l'écusson de saint Jérôme. Chaque confrère avait son chapelet de pénitent semblable à celui de tous les affiliés, et il le portait au bras chaque fois qu'il revêtait son uniforme.

Dans les processions et les cortèges, le porte-croix marchait en tête, suivi des pénitents porteurs de bâtons. Les bâtons étaient surmontés d'une petite croix en bois ou d'une couronne encadrant une image pieuse sculptée. Les autres pénitents tenaient un cierge à la main.

Les flambeaux de la chapelle et les cierges des processions étaient fournis par la confrérie et payés sur les fonds communs. Une cotisation, que l'on appelait « le debvoir », versée par les confrères le jour de la fête de saint Jérôme, alimentait la caisse [1].

Si l'objet principal de l'association était l'édification de ses membres et, par le bon exemple, l'édification des autres citoyens, elle s'imposait aussi la pratique de la charité, l'assistance des malheureux et des malades. Elle distribuait des secours aux confrères indigents ; ses visiteurs se rendaient au domicile des infirmes, au chevet des mourants. Des délégués veillaient les morts, et la compagnie tout entière leur rendait les honneurs funèbres.

L'administration de la Société appartenait aux officiers et aux syndics élus chaque année. Les élections se faisaient la veille de la fête de saint Jérôme, après la messe du Saint-Esprit, en assemblée générale.

---

(1) D'après la requête de M. du Mirat, au milieu du XVIIIe siècle le droit d'entrée était de six livres et la cotisation annuelle de seize sols.

Au XVIIe siècle, les officiers comprenaient un prieur, un sous-prieur, un syndic prêtre, quatre syndics séculiers et un secrétaire. Le lendemain de leur élection, le prieur et le sous-prieur nommaient quatre délégués prêtres et huit délégués séculiers ; ils désignaient aussi deux auditeurs de compte devant lesquels les syndics sortant devaient rendre compte de leur gestion. Pendant cette première période de près de cent ans, les prieurs sont presque toujours des ecclésiastiques.

Dans le courant du XVIIIe siècle, la composition du Conseil fut très variable. Au début, il comprenait un prieur et un sous-prieur, un syndic prêtre, deux syndics laïques, un syndic de Notre-Dame du Puy et un secrétaire. En 1707, il y eut deux syndics de Notre-Dame du Puy. En 1708, on nomma un sacristain. En 1721, nous trouvons deux syndics prêtres, trois syndics laïques et deux syndics de Notre-Dame du Puy. L'un des trois syndics laïques est qualifié « surnuméraire aux fins des réparations que la frairie a entrepris. » En 1725, le nombre des officiers est le même, mais leurs qualifications ont changé : un des trois syndics laïques est appelé syndic sacristain ; il y a un syndic de Notre-Dame du Puy et un « syndic du trentenaire ». Nouvelles modifications en 1745 : les deux syndics laïques deviennent des syndics honoraires ; on leur adjoint « deux syndics onéraires » ; les autres dignitaires sont les mêmes. En 1747, la confrérie nomme en plus un syndic de la Cène. En 1749, le nombre des dignitaires est encore augmenté : un prieur, un sous-prieur, un secrétaire, trois syndics prêtres, deux syndics honoraires, trois syndics onéraires, deux sacristains, un syndic du trentenaire, deux syndics de Notre-Dame du Puy, deux syndics de la Cène. Ce nombre varie souvent dans les années qui suivent.

Le 25 mars 1728, l'assemblée avait décidé d'élire alternativement un prieur ecclésiastique et un prieur laïque. En 1768, le prieur est qualifié : prieur ecclésiastique, et le sous-prieur : sous-prieur laïque.

Les officiers étaient élus chaque année et rééligibles ; ils étaient souvent confirmés dans leurs fonctions pour une seconde année, mais pas au delà.

Parmi les prieurs notables, nous pouvons citer :

En 1677, Martial-François de Fénis, grand-prévot ;

En 1682, Jean-Baptiste de Saint-Priest, trésorier ;

En 1706, Martial-Louis Brossard, grand-vicaire et official ;

En 1707, Mgr Giles de La Beaume Leblanc, ancien évêque de Nantes ;

En 1730, Blaise Teyssier, écuyer, seigneur du Mazel, capitaine au régiment de Villeroy cavalerie ;

En 1733, Mgr Charles Duplessis d'Argentré, évêque de Tulle ;

En 1736, Jean-Martial de Fénis de Lacombe, seigneur du Verdier, procureur du Roi aux sièges présidial et sénéchal ;

En 1740, Etienne Darluc, seigneur de Lapraderie, lieutenant général ;

En 1746, Jean de Fénis, seigneur de La Feuillade, premier président au présidial ;

En 1747, Martial Melon de Pradou, vicaire général, trésorier de l'église cathédrale ;

En 1754, Etienne-Charles François de Jaucen de Poissac ;

En 1755, Léonard Darche du Pouget, doyen du Chapitre ;

En 1756, Jérôme de Lagarde d'Auberty, trésorier de France ;

En 1758, Jean-François de Lespinasse de Pebeyre, conseiller du Roi en l'élection ;

En 1762, Pierre-Clément Baluze, conseiller du Roi et son procureur en l'élection ;

En 1766, Charles-Joseph-Marie de Rafélis de Soissan, grand-chantre et vicaire général ;

En 1767, Gabriel Puyabilier, écuyer, conseiller secrétaire du Roi.

Les réceptions de nouveaux pénitents ne pouvaient avoir lieu qu'aux jours fixés par les statuts : les jeudis du carême, la fête de saint Jérôme, les vigiles de saint Jean, de la Purification, de l'Assomption et de la Nativité. Elles avaient lieu en assemblée générale et étaient consignées le plus souvent en ces termes sur le livre de la compagnie :

« Le 17e juin 1668, jour de dimanche, dans la salle du Puy-Saint-Clair, a este procede a la reception de Jean-Baptiste Leys, marchand, apres avoir satisfait entierement a nos statuts et qu'il a promis de les observer aux peynes y contenues. »

Nous avons dit que la confrérie des Pénitents gris recrutait ses membres dans toutes les professions, deux exceptées ; elle comptait des représentants des divers corps de métiers ; les bourgeois y étaient en nombre. Sur les contrôles nous avons relevé des noms connus : Jean Peyrac, médecin ; Jean Dalvy et Pierre Viallanes, imprimeurs ; les sculpteurs Julien, Pierre et Jean-François Duhamel ; le peintre Michel Cibille ; les chefs des principales familles de la bourgeoisie : Darluc, Maynard, Lacombe, Fage, Brivezac, Moussours, Sudour, Lagarde, Teyssier, Beaufez,

Froment, Brossard, Chabaniès, Laval, Estorges, Leix, Levreau, Dubal, Vergne, Faugeyron, Ducher, Rominiac, Després, Cueille, etc.

Il résulte d'une note, écrite au XVIIIe siècle sur un plan des églises de Tulle [1], que la confrérie des pénitents gris comprenait six cents membres environ. D'après un document que l'on peut dater de 1758, elle aurait eu huit cents affiliés [2]. Le nombre des confrères variait d'année en année ; nous croyons toutefois qu'il n'a jamais atteint six cents. Leur catalogue, en effet, ne contient que 810 inscriptions de 1601 à 1661.

La caisse commune, alimentée par les cotisations annuelles et les dons et legs, n'était pas riche. En 1759, les recettes ordinaires ne s'élèvent qu'à 192 livres 3 sols. Quand des réparations à la chapelle devenaient nécessaires, la compagnie ouvrait une souscription ou faisait des quêtes. Elle tirait aussi quelques profits des droits de sépulture. Un confrère achète, en 1731, une sépulture dans l'église du Puy-Saint-Clair pour « la somme de huict livres comme on a coustume de donner ». Le prix dépend de la place du tombeau ; il peut être de six livres ou de dix livres. Il existait une « carte des tombeaux de la confrérie » qui servait à déterminer les emplacements disponibles et les concessions antérieurement faites. L'assemblée générale accordait quelquefois des sépultures gratuites en récompense des services rendus à l'association. Presque toujours les donations et les legs étaient faits sous certaines

---

(1) Ce plan a été publié par M. Clément-Simon (*Bull. de la Soc. scientifique, historique et archéologique de la Corrèze*, t. XI, p. 520).

(2) Requête de M. du Mirat (*Bull. de la Soc. des Lettres, Sciences et Arts de la Corrèze*, t. XI, p. 142).

conditions que les pénitents s'obligeaient à remplir. Voici, à titre d'exemple, les charges imposées par Julien Teyssier, prêtre communaliste de Saint-Pierre de Tulle, qui, à la date du 15 avril 1673, faisait un don de soixante livres à la corporation :

Seront aussy tenus lesd. confraires de dire l'office dud. jour, de faire precher la pation annuellement et à perpetuité dans lad. esglize du Puy s[t] Clair chasque jour du vandredy sainct a deux heures apres mydi et chanter avant lad. pation le *Stabat Mater* et a l'issue de lad. pation lesd. penitens nus pies et revetus de leur sac accompagnes de M[r] le prieur accompaigné du sindic prestre et soubs-diacre revetus d'ornements noirs sacerdoteaux de lad. esglize iront en procession jusques au bas du cimetiere dud. Puy s[t] Clair et remonteront du costé des vignes et estant arrivés au milieu dud. cimetière chanteront a genoux le *Vexilla regis* et apres l'un apres l'autre iront adorer la croix qui sera posée au bout dud. cimetière et lad. adoration faicte on chantera à haute voix le *De Profundis* pour les parens dud. sieur Teyssier et pour luy après son deces et led. *De Profundis* chanté lesd. confraires se randront dans la tribune dud. Puy s[t] Clair pour assister au *Miserere* et finalement seront tenus lesd. sieurs confreres en recevant lad. somme de soixante livres d'employer icelle a faire faire une cheze a prescher dans lad. esglize en esculture sans qu'elle puisse estre faicte par autre que par Jean François Duhamel m[e] esculteur pourveu qu'il veullie accepter led. travail se reservant led. sieur Teyssier du consentement desd. sieurs confreres de nommer luy et les siens a l'advenir le predicateur pour prescher lad. passion et pour l'entretenement des presantes ont obligé et hypotequé.....

Signé à l'original : Teyssier donateur susd., de Fenis prieur, Malliard soubs-prieur, de Juyé pénitent, Darluc sindic, Lacheze sindic, Laporte penitent et Tenèze notaire royal de Tulle.

Des donations, comme celle de Julien Teyssier,

ne pouvaient enrichir la confrérie. Les pénitents avaient su cependant, grâce à la générosité de quelques confrères, constituer un mobilier suffisant à leurs besoins. Nous en trouvons la description sommaire dans l'état suivant, daté du mois d'octobre 1676 :

Inventaire du mobilier de la Confrérie des Pénitens gris de Tulle, octobre 1676

Inventaire des meubles que les sieurs Daubech et Roussye, scindicqs, ont delivres aux sieurs Pierre Combes bourgeois et Léonard Darluc marchand, leurs successeurs scindicqs.

Premierement un soleil de vermeil doré, un calice, un petit plat, deux buretes et deux encensoirs d'argent et une navette aussy d'argent, plus un drap mortuaire et un cuissinet de velours.

Plus une chasuble, maniple et estolle et devant d'auteil, un voile de velours et quatre petits rideaux et le reste de satin gris.

Plus une chasuble violete de charge fort usée.

Plus une estolle et maniple de velours noir usées garnies de dantelles d'argent fin.

Plus un crucifix de bronse pour l'auteil et un autre de bois et un asses petit pour bailler aux confrères décédés.

Plus un devant d'auteil de tabis noir et un voile de tafetas noir garni de larmes et de testes de mort.

Plus une aube avec un amict avec sa ceinture.

Plus deux grandes croix pour faire la procession avec deux crucifix, l'un de bois et l'autre de carton.

Plus trois escherpes, deux de toile d'or, une neusve et l'autre usée, et la troisiesme de tafetas noir usé.

Plus deux petits vieux cuissinets pour l'auteil, plus deux buretes d'estaing.

Plus trois petits vases de terre de fayance.

Plus six livres de prieres que les confreres doivent dire.

Plus six chandeliers de bois dorés.

Plus le bois d'un poile avec cinq rideaux et un tapis d'auteil de toile verte.

Plus deux grands coffres et treise clefs.

Plus trente cinq livres de cire jaune, une partie en chandelles neusves et le reste en bouts.

Plus un sac de penitant qui apartenoit à Simon Venarsalgue.

Plus deux petits habits pour les enfants qui portent les encensoirs.

Plus deux flambeaux de cire blanche pesant une livre.

Plus une lampe de cuivre.

Plus douze bastons de bois.

Plus deux pièces de Bergame de tapisserie uzée.

Plus quatorze tableaux en cadres, deux representant notre Seigneur et notre Dame et les autres les douze apostres.

Plus la vie des saints et un pupitre et un porte missel.

Plus huit grands tableaux representant aussi notre Seigneur au desert tenté par le demon, la resurrection du Lazare, les trois Maries au sepulchre, la descente de notre Seigneur aux limbes, la Magdelaine et sainte Marie egiptienne, saint Jean et saint Paul.

Plus deux plus petits tableaux representant la flagellation et saint Sebastien.

Plus un autre representant saint Clair.

Plus deux petits, l'un representant saint Hierosme et l'autre la sainte Vierge.

Plus deux plus petits tableaux representant saint Hierosme et saint Jean.

Plus deux tableaux en bas-relief representant le saint Sacrement et saint Hierosme.

Plus quatre placards en fer blanc.

Plus un benytier de terre de fayance.

Plus deux tables et quatre bancs.

Plus un cathalogue des statuts et un des noms des confrères.

Plus trois eschelles de bois, une vieille et deux usées.

Tous lesquels susdits meubles ont este mis au pouvoir dudit sieur Combes lors de la closture du présent inventaire fait cejourd'hui cinquiesme octobre 1676.

Signé : Combes.

Près d'un siècle plus tard, l'assortiment des vases sacrés et des ornements sacerdotaux était plus complet. Dans un état du 7 mai 1760, nous relevons :

Un calice ;

Un ostensoire ;

Une custode ;

Deux encensoirs ;

Deux buretes et un plat d'argent ;

La relique du saint sepulchre ;

Deux burettes d'etain ;

Une chasuble de damas blanc avec des galons en or fin et les dalmatiques et chapes semblables avec le voile du calice et bourse semblables ;

Un voile de calice de damas fond bleu ;

Un autre vert avec fleurs d'argent ;

Un autre violet, un autre blanc a fleurs brodées, deux echarpes a donner la benediction une a ramage blanc fond brun l'autre blanche ;

Une chasuble et deux dalmatiques de toutes les couleurs ou il paroit avoir de l'argent et galons d'or faux ;

Quatre chasubles noires, deux de tafetas et deux d'étoffe de laine, deux dalmatiques aussy noires de soye et une chape noire avec ecusson de damas blanc et les devans ;

Une autre chape a donner la benediction de soye de toutes couleurs ;

Une chasuble tafetas cramoisi, une autre de damas, la croix blanche, une autre a petits bouquets, une autre fond blanc a bouquets rouges, une chasuble violette de laine ;

Cinq bonnets quarrés, un sans houpe.

A ce mobilier il convient d'ajouter les objets à l'usage spécial de la Cène, que nous trouvons énumérés dans un inventaire du 26 mars 1766 :

Vingt six assietes d'etain fin marquées Cene ;

Un plat bassin d'etain fin ;

Quatre plats plus petits d'etain commun aussy marqués Cene ;

Treize cuilleres d'etain a potage ;

Une cuillere a soupe d'etain commun ;

Treize fourchetes de fer ;

Quatorze servietes a l'ouvrage marquées Cene ;

Une longiere pour ceindre les reins marquée Cene ;

Une nape à l'ouvrage pour la table des pauvres aussy marquée Cene.

La confrérie était obligée de pourvoir à l'entretien de la chapelle du Puy-Saint-Clair. Elle conclut, le 8 avril 1685, un marché pour l'agrandir « d'environ deux tiers [1] ». Il est probable que ce projet ne fut pas immédiatement réalisé, car le 18 mai 1690 un nouveau prix fait intervint pour « allonger l'eglise de seize pieds et faire les murailles complaites et semblables à celles qui y sont ». L'entrepreneur s'obligeait à « construire le derriere de ladite eglise en sexaguonne portant la figure de retable de lad. eglise [2] ».

A la même époque, les pénitents gris firent refondre leur cloche. Un procès-verbal, transcrit sur leur livre, relate la cérémonie de son baptême.

L'an 1690 nostre cloche s'estant rompue elle a esté reffaite aux despens de la companie et augmentée de cent trente livres de metail, et le vingt sixiesme novembre de lad. année elle a été baptisée par Mr Me Estienne Correze prestre docteur en théologie tresorier de l'esglise cathedrale et official de ce dioceze par la commission de Monseigneur l'evesque de Tulle a l'honneur de st Hierosme patron de lad. compagnie ; a esté parrain messire François-Martial de Fenis seigneur de Fom-

---

(1) Document des Archives du château de Bach, communiqué par M. Clément-Simon.

(2) Archives du château de Bach.

padem grand prevost de l'esglise cathedrale, marraine demoiselle Aymée de Fenis sa sœur femme a monsieur Me Joseph Teyssier seigneur du Mazel advocat en la Cour, prieur M[r] Me Jean-Martial de Lagarde prieur de Chausus et curé de Bar, sous prieur Pierre Goudal M[e] chirurgien commis aux visites et rapports, sindiq prestre Me Jean Monteil prestre de la communauté de St Pierre, secrétaire Jean-Joseph Dugal marchand, sindiqs sieurs Blaise-Joseph de Labeylie seigneur de Goutausse et Pierre-François Juyé marchand.

Ce procès-verbal ne nous fait pas connaître le chiffre de la dépense occasionnée par la refonte de la cloche, ni les ressources qui permirent de la payer. Le parrain et la marraine appartenaient à l'une des plus riches familles de Tulle, et l'on peut supposer qu'ils firent, à cette occasion, un cadeau à la confrérie. L'inscription du nom du bienfaiteur sur le livre de la communauté et mieux encore sur l'objet dont il faisait don, encourageait les libéralités en flattant l'amour-propre. C'est ainsi que, le 16 mars 1692, Aymard Lacombe, marchand de Tulle, membre de la confrérie, fit peindre « un tableau pour le lambris de l'esglise (du Puy-Saint-Clair) où est represente le Sauveur au jardin des olives, au bas duquel sont ses armes, qui lui a cousté la somme de quinze livres. »

La générosité d'Aymard Lacombe fut de bon exemple. L'année suivante, les pénitents chargèrent les peintres Leyx et Cibille de compléter la décoration de leur chapelle [1]. Le procès-verbal,

(1) Sur les peintres Leyx et Cibille, voir : *Les Duhamel, sculpteurs tullois du XVIIe siècle*, par M. G. Clément-Simon (*Congrès archéologique de France*, LVIIe session, p. 324) ; *La Vie à Tulle*, p. 298 ; *L'Œuvre des Cibile*, par M. l'abbé Bourneix (*Bull. de la Soc. des Lettres, Sciences et Arts de la Corrèze*, 1902, p. 81) ; enfin du même M. Bourneix de nouveaux renseignements dans le *Bull. de la Soc. des Lettres de Tulle*, 1903, p. 403 et s.

qui nous fait connaître l'importance des travaux de ces deux artistes, mérite d'être rapporté.

Le vingthuictiesme juin mil six cents nonante quatre a esté baillé aux sieurs Leyx et Cibille peintres une obligation et contract consentis par Martial Chabrarye praticien du village du Monnegier parroisse de Sarran, de la somme de cent vingt une livres en desduction de ce qui leur est deub pour les tableaux qu'ils ont faits pour le lambris de leglise du Puy Saint Clair conformement au contract de prix fait receu par Magueurs notaire royal le 16 avril 1693, déclarant lesdits sieurs peintres avoir anssy cy devant receu la somme de dix huict livres provenant de la promesse de feu Jaques Boulou et vingt deux livres qui sont esnoncés dans led. contract de prix fait, declarant aussi n'avoir fait des tableaux portés par led. contract que treize, scavoir quatre par la main du sieur Leyx et neuf par le sieur Cibille, en foy de quoy ont signé : Cibille, Leyx et de Juyé secrétaire.

Au-dessus du lambris peint par Leix et Cibille, le mur blanchi ou badigeonné parut froid et nu. La compagnie se décida à le faire recouvrir de tapisseries. Elle adopta pour sujets de cette décoration les principaux événements de la vie de son patron saint Jérôme. Dès que les premiers cartons furent prêts, les pénitents mandèrent à Tulle un marchand tapissier d'Aubusson, Antoine Picaud, dont le nom est connu [1] et qui a fait exécuter par diverses manufactures quelques œuvres ne manquant pas de mérite. Ils le chargèrent de la confection de onze panneaux. Le traité qui intervint, le 7 août 1695, entre Picaud et les re-

(1) Voir le Catalogue des *Marchands et Maîtres Tapissiers d'Aubusson*, par M. Cyprien Pérathon (*Bull. de la Société archéologique et historique du Limousin*, t. XLII, p. 420).

présentants de la confrérie nous apprend les conditions du marché et nous donne une description détaillée des sujets qui devaient être représentés.

Dans la salle du Puy-Saint-Clair, en l'assemblée générale extraordinaire convoquée pour déliberer sur l'achapt des tapisseries de haute lisse pour l'ornement de notre eglize ou estoient Messieurs les prieur, sousprieur, saindiqs prestres et layques, secretaire et autres confreres soubsignes, lesquels agreant l'aquizition de lad. tapisserie ont doné pouvoir et prié Messieurs de Labeylie et Mouret apresent scaindiqs de la Compagnie de vouloir faire pour cet effet tout ce qu'ils trouveront a propos pour lad. aquizition promettant d'avoir le tout pour agreable et du tout les relever indemnes aux peines de droit.

Et a l'instant lesd. sieurs scaindiqs ayant faict appeler le sieur Antoine Picot, marchand tapissier de la ville d'Aubusson, lequel s'est rendu expres en cette ville pour prendre le prix faict des dites tapisseryes, il a été convenu entre eux ce que s'ensuit :

Et premièrement que led. sieur Picot pour luy et les siens s'oblige de faire l'aune de lad. tapisserye a raison de neuf livres l'aune en quarre aunage de Paris sur le fil simple bien rehaussée de soye a un quart de livre par aune, les testes et carnation de toutes les figures qu'il conviendra mettre dans lesd[es] tapisseryes seront de layne de Paris et faites par les meilleurs officiers travaillant a cette proffession, les laynes bien degraissees et bien conditionnees, tout led. ouvrage bien uny et bien batu avec une belle bordure tout autour avec un lyon dans une cartouche au milieu du haut de chaque piesse couché sur un livre suivant le dessein sur le faict, et qu'il n'y aura dans lesd[es] piesses de tapisseryes que les figures suivantes, scavoir dans la première du coste de l'evangile qui est la mort de saint Hyerosme un saint Hyerosme mort entre les bras de deux anges dans le porche de Betleem un lyon a ses pieds aveque la ville de Betleem et un monastère dans l'éloignement, la premiere du coste de l'epitre qui est la translation de son corps a Rome il y aura deux religieux portant une chasse sur les épaules, lad. chasse aveque des ornements dessus et un chapeau de cardinal au milieu et la ville de Rome dans l'éloignement et un lyon dans l'endroit le plus convenable de la piesse ; la seconde piesse du coste de l'evangile qui n'aura qu'une aune demy de long sera un saint Hyerosme docteur escrivant aupres d'un portal du monastore aveq un lyon a ses pieds ; la seconde du coste de l'epitre sera saint Hyerosme dans le desert epouvanté de la tempeste aveq l'ange dans un coin de la piesse, tout le restant desert aveque le lyon et autres betes sauvages ; la troisiesme piesse du cote de l'evangile sera saint Hyerosme au pied de la Croix sur le calvayre seul aveque la ville de Hyeruzalem dans l'éloignement et un lyon aupres luy ; la troisiesme du coste de l'epitre sera saint Hyerosme entrant seul en Hyeruzalem avec le calvayre dans l'éloignement avec un lyon ; la quatriesme du coste de l'evangile sera saint Hyerosme aveque saint Gregoyre pape saint Augustin et saint Embroyze eveque et le Saint-Esprit au dessus aveque quelques portiques deriere dans l'eloignement et un lyon dans l'endroit le plus convenable ; la quatriesme du coste de l'epitre sera saint Hyerosme expliquant la bible a sainte Paule aveque un entree de mayson ou pilastre deriere, le restant payzage ; la cinquiesme du coste de l'evangile sera l'entree de saint Hyerosme dans le dezert de Syrie aveque trois compagnons le tout dans le dezert aveque quelques cabanes ou hermitages dans l'eloignement aveque lyon ; la cinquiesme du coste de l'epitre sera le baptesme de saint Hyerosme vestu de blanc par un prestre devant un portal d'eglize, le restant payzages ; la sixiesme et derniere piesse sera la sortie de saint Hyerosme de Rome avequun compagnon et la ville de Rome dans l'eloignement.

Toutes lesquelles susd[es] pieces aveque les figures, animaux ou ornement y exprimees seront faictes comme dict et saint Hyerosme habilhe de rouge le corps a demy nu ou il sera juge a propos excepte dans la piece expliquant la bible a sainte Paule ou il sera habilhe en religieux et dans les pieces de la sortye de Rome et entree au dezert en habit seculier a la romayne ; le tout sera faict par led. sieur Picot dans toutes les regles et perfection de l'art de tapissier, lequel mesme sera tenu de mestre des oyzeaux dans les payzages aveque les eloignements et ombrages requis ;

Et sur ces prezantes lesd. scieurs scaindiqs ont délivre aud. sieur Picot la somme de cent qurant huict livres dix sols pour le montant des deux premieres pieces qui sont l'une la mort de saint Hyerosme et l'autre la translation de son corps à Rome qui auront chaqune trois aunes de longueur sur deux aunes trois quarts de hauteur, lesquelles pieces led. sieur Picot s'oblige de fayre fayre entre cy et la feste de saint Hyerosme prochain s'il est possible ; toutes les susdites piesses faictes de laine bien degressee de la pezanteur de quatre livres en laine ou environ y compris un quart de soye pour chaque aune en carré, et led. sieur Picot s'oblige aussy d'achever toute la tenture de lad. esglize a proportion que les s^rs sindiqs luy fourniront chaque fois le montant de deux piesses par advance aveque les estempes pour le dessain et les sieurs sindiqs seront tenus payer aux despans de la compaignie les frais du port et embalage desd. tapisseries, et pour l'exécution des prezantes les parties se sont soumis à la juridiction consulere de Limoges et a regard despens (*sic*), et pour la bordure elle sera fette suivant que le sieur Picot trouvera a propos, de la largeur convenable.

Il y aura huict desd^es piesses qu'a la auteur de deux aunes trois cars et les trois restantes sur deux aunes et demy quy seront cachetées du plom de la manufacture royalle d'Aubusson.

Faict le septiesme aoust mil six cens quatre vingt quinze, dont a esté faict double.

Signé : De Labeylie sindict, Mouret sindict, Dugal sousprieur, A. Picaud, Mailhard confrère, Teyssier, Laporte confrère, Roussie, Lachièze, Estorges.

Les onze panneaux furent-ils exécutés ? Un inventaire du 2 novembre 1700 ne mentionne que « huict tapisseries de haute lisse représentant la vie de saint Hierosme, garnies de toille et de cordes. » Les trois panneaux qui devaient compléter la décoration de la chapelle n'étaient peut-être pas terminés à cette date ; peut-être aussi avaient-ils été décommandés par les pénitents.

En tout cas la confrérie ne paraît pas manquer de ressources. En janvier 1708, nous allons la voir s'engager dans de nouvelles dépenses. Elle voulait obtenir du chapitre une relique qui avait été trouvée dans un ancien crucifix de l'église cathédrale ; elle était prête à faire sculpter un autel et ciseler un reliquaire pour la conserver dignement et l'exposer à la vénération des fidèles qui fréquentaient sa chapelle. Cette relique avait pour elle un grand prix : c'était un petit fragment de la pierre du Saint-Sépulcre. Nous en reproduisons l'authentique tel qu'il a été transcrit sur le livre de la compagnie.

S'ensuit la copie de l'autentique trouvée dans le chef du grand crucifix d'argent qui estoit au dessus du m^e autel de la cathedralle ou estoient les reliques y denommees et entre autre la pierre du saint sepulcre :

Hic sunt reliquiæ sti Christophori scilicet de capite. Item de sepulchro domini. Item de ossibus sti Geraldi. Item de ossibus sti Salvatoris, de vestimentis beatæ Mariæ et de vestimentis beatæ Magdalenæ.

Tout ce dessus est escrit sur le velin en lettre gotique fort ancienne et au revers dud. velin est encore escrit :

Le memoire de l'austre part escrit fut trouvé en ce lieu et remis en la mesme place aveq les reliques y nommees l'an mil six cents vingt, estants scindiqs du chapitre M^o Antoine Levet et Henry de la Fagerdye, la mesme annee le tabernacle fut fait, lad. autentique a demeuré en original dans les archives du chapitre.

Signé : Tournier prieur, Mailhard, Ceyre, de Juyé, Dugal, Rabanide, Faugeyron, Lacombe, Sartelon, Faugeyron-Salvanye, Levreaud, Fenis, Maruc, Vergne, Bussière, Goutte scindic, Lacombe secretaire.

Sollicités par les pénitents, les chanoines déclarèrent s'en remettre à la décision de l'évêque qui consentit à la translation de la relique du Saint-Sépulcre sous les conditions formulées dans l'acte suivant :

Dans la salle du venerable chapitre de l'eglise cathedrale de Tulle, le septiesme jour du mois de janvier 1708, jour de chapitre, ou etaient assembles capitulairement au son de la cloche et en la maniere accoustumee messieurs les soubsignes composant ledit chapitre sur ce qui a estê representé de la part de la companie de M[rs] les penitents gris de la p[nt] ville qu'il y avoit dans les archives du chapitre une petite partie d'une pierre tirée du sepulcre de nostre seigneur qui n'avoit point este mize en veneration et qui avoit esté trouvee aveq d'autres reliques bien autentiques dans le chef du grand crucifix quy estoit autrefois au dessus du mestre autel de lad. esglize cathedralle et que cette relique exciteroit beaucoup la devotion des fidelles sy elle estoit expozée a la veneration publique et principalement dans la chapelle de lad. compagnie des penitents gris située au Puy Saint Clair a cause du grand concours du peuple quy atire la représentation des misteres de la mort et passion de nostre seigneur, que messire André Daniel de Beaupoil de Saint-Aulere, evesque seigneur et vicomte de Tulle, y a deja fait et fait faire actuellement. Et partant qu'ils suplient mesd. sieurs du chapitre de voulouer leur accorder lad. relique offrant de la faire metre dans un beau reliquere d'argent pour estre expozée sur un des petits autels de leur chapelle qu'ils feront expres horner d'un retable avec toutes les cérémonies et la dessance en pareil cas requizes et mesme d'en faire annuellement tel homage et telle recoignoissance à l'esglize cathedralle qu'il seroit trouvé apropos.

Sur quoy, apres mure deliberation, il a esté rezolu de se raporter sur tout ce dessus a Monseigneur l'illustrissime et reverandissime Evesque de Tulle a quy l'augmentation du culte divin, la pieté et sanctification de ses diocezins, et les droits et advantages de son esglize cathedralle sont esgallement à cœur, et de faire sur tout ce dessus tout ce qu'il croieroit apropos.

Tout quoy luy ayant esté raporté et communiqué et après avoir le tout murement examiné il a trouvé apropos que M^rs du vénérable chapitre donnent a la compagnie de M^rs les penitans gris de la p^nt ville la susd. relique consistant comme dit est en une partie d'une pierre tirée du saint sépulcre de nostre seigneur aveq une copie de son autantique pour estre exposée dans leur chapelle du Puy Saint Clair a la veneration des fidelles sur l'autel et aux jours qui seront par luy marqués, a la charge et condition quelle sera mize dans un reliquere d'argent convenable et de luy agréé et qu'ils porteront annuellement et a perpetuité led. reliquere et relique processionnellement dans l'esglize cathedralle le jour du Jeudi Saint en faisant la visite des esglizes qu'ils ont accoustumée de faire led. jour et qu'ils lesseront led. reliquere et relique dans lad. esglize entre les mains de celuy qui sera propozé par mesd. sieurs du chapitre pour la recevoir et quelle restera exposée dans lad. esglize jusques au landemain jour de vandredy sainct a cinq heures du soir qu'ils pouront la venir chercher processionnellement aveq les memes ceremonies et solannites sy mieux ils n'ayment differer lad. procession jusques au samedy sainct l'apresdinée et ce a cause des offices et ceremonies de l'adoration de la Croix ou ils se trouvent engages le jour du vandredy saint, et ce que mond. seigneur evesque a trouvé apropos a esté accepté tant par mesd. sieurs du chapitre que M^rs les deputes de lad. compagnie des penitans gris quy a l'instant ont donné le prix fait du susd. reliquere et du retable conformement a un modelle quy a esté aprouvé et agrée par mond. seigneur l'evesque quy a bien voulu signer les présentes aveq mesd. sieurs du chapitre et deputes de lad. compagnie des penitans gris pour les rendre plus autantiques, et mesd. sieurs du chapitre ont remis lad. relique entre les mains du mond. seigneur evesque pour en dispozer conformément a ci dessus.

Dont a esté fait double pour en estre mis un dans les archives dud. chapitre et l'autre dans les registres de lad. compagnie. (Suivent les signatures).

La translation de la relique et du reliquaire dans la chapelle du Puy-Saint-Clair eut lieu solennellement le 29 février 1708.

Le 12 octobre 1720, l'assemblée générale des pénitents gris prit la résolution de faire « dorer le retable de la chapelle de la compagnie, avec les aisles du sanctuaire. » Ce travail coûta quatre cent vingt livres. La compagnie ne put faire face à la dépense avec ses propres fonds. Il résulte d'une délibération du 1er février 1722 qu'elle avait emprunté à la communauté des prêtres de Saint-Julien la somme de quatre cent vingt livres « pour acheter de l'or et autres drogues à employer à dorer le rétable de la chapelle de la présente compagnie, maistre autel et sanctuaire. »

Cette dette fut, pendant longtemps, une charge pour la confrérie. Elle l'acquitta en 1762 seulement, en ouvrant une souscription volontaire (1).

Les ressources et le crédit des pénitents étaient épuisés. Comment allaient-ils pourvoir à l'entretien de leur immeuble? Une grosse réparation s'imposait : la salle de réunion menaçait ruine ; elle serait tombée si on ne l'avait étayée, et sa chute eût entraîné la tribune. Le 30 septembre 1725 l'assemblée vota la restauration de la salle et la

(1) Voici les noms des pénitents qui contribuèrent au paiement de la dette : Etienne-Charles de Jaucent de Poissac, conseiller au Parlement de Bordeaux ; Brival, avocat et procureur du roi ; de Lagarde ; Auberty ; Béril ; Bussières, notaire ; Mas, notaire ; Bonnélye ; Pauquinot ; Vergne fils aîné ; Martial Four aîné ; Jean Four cadet ; Antoine Four, fils de Martial ; Antoine Bardon ; Jacques Estorges fils ; Pranchères ; Jean Tintignac, laboureur ; Antoine Gorce, domestique à la Visitation ; François Bezeau, laboureur ; François Pineaud cadet ; Etienne Roussie, huissier ; Léonard Pastrie, cordonnier ; Antoine Teyssier, bourgeois et marchand ; Jacques Machat fils, huissier aux tailles ; Jacques Teyssier, cordonnier ; Estorges père, mazelier ; Pierre Daubès, maître papetier au Pont de la Pierre.

continuation de l'aile de la chapelle du côté de l'évangile. Pour se procurer les fonds nécessaires, les syndics de 1726 furent autorisés à « engager les meubles d'argent et tapisseries de la compagnie jusques a concurrence des sommes qu'ils pourront manquer pour parfaire ledit ouvrage. »

Malgré cet embarras pécuniaire, la confrérie paraissait plus florissante que jamais. Le local de ses réunions était remis à neuf et spacieux. Elle pouvait loger gratuitement le vicaire de Sainte-Catherine (1). Sa chapelle considérablement agrandie, était ornée d'une retable et de peintures; il restait des tapisseries et un mobilier suffisant. Elle se recrutait dans toutes les classes de la société et venait d'élire, comme prieur, l'évêque de Tulle lui-même, Mgr Charles Duplessis d'Argentré. C'est le moment qu'elle choisit pour réformer son costume.

Le 20 décembre 1733, M. Darluc, lieutenant général en la Sénéchaussée et siège présidial de Tulle, sous-prieur de la confrérie, expose à l'assem-

---

(1) Voici la déclaration donnée par le vicaire de Sainte-Catherine au sujet de son logement :

« Je soussigné prieur de saincte Catherine du Puy sainct Clair, declare que quoique M[rs] les officiers de la compagnie de M[rs] les penitens gris de la ville de Tulle m'ayent presté la clé de la chambre appelée de l'hermite située au susd. Puy St Clair pour me servir de lad. chambre, il sera pourtant libre a lad. compagnie et a ses officiers de se servir de lad. chambre quand bon leur semblera, declarant ne la tenir d'eux que precairement et de me desaisir de la susd. clef et possession de lad. chambre a leur premiere requisition. En foy de quoy j'ay donné la presente declaration dans la salle du Puy St Clair en présence de M[r] Me Antoine Guischard curé de Forzes prieur de la susd. compagnie et de Mr Martial Brossard sous prieur, à Tulle, le vingt neufviesme septembre mil sept cent dix huit.

Signé : Freyssinges prieur de Ste Catherine du Puy St Clair, Guichard prieur, Brossard sous-prieur, Lachaud sindic-prêtre, Estorges sindic, de Lagarde secretaire. »

blée générale qu'il serait bon de changer la couleur des sacs; « les habits gris, par l'usage, devenoient complètement tanés, ce qui causoit une grande difformité dans les processions et sorties de la compagnie; que d'ailleurs toutes les compagnies des penitens du royaume erigées sous l'invocation de St Jerôme etoint revetues de sacs de couleur bleue avec le cordon rouge ». Après avoir entendu ces observations, l'assemblée décide qu'il sera présenté une requête à l'évêque, par les officiers et délégués de la compagnie, tendant à obtenir l'autorisation de changer la couleur des sacs.

Voici cette requête :

A Monseigneur l'illustrissime et reverendissime Charles Duplessis d'Argentré évèque et vicomte de Tulle et prieur de Messieurs les penitens gris de cette ville.

Supplient humblement les confrères de la compagnie des penitens gris de la ville de Tulle établie sous l'invocation de St Jérome, disans que par déliberatoire de la d. compagnie, en date du vingt^e decembre 1733, il eut été dit que les deputés et delegués de la d. compagnie supplieroint votre grandeur de permettre aux d. confrères de porter a l'avenir un sac de penitent de laine de couleur bleüe, au lieu du gris dont ils sont actuellement revètus; a cet effect ils ont l'honneur de vous representer que la seule compagnie des penitens de Tulle sous l'invocation de St Jérome est vètue de gris, étant notoire que toutes les autres érigées sous l'invocation du même saint sont vètues de bleu; d'ailleurs la difformité que tout le monde remarque dans les sacs gris dont l'ancienneté les diversifie si considérablement de l'un a l'autre qu'ils paroissent tous de differente couleur, et pour y obvier, les suppliants, voulant se conformer à tous les usages de leurs confrères du royaume, ont recours a vôtre grandeur, Monseigneur, afin qu'il luy plaise de ses graces leur donner acte de la presente requète et, y faisant droit, ordonner que tous les sacs des confrères de la d. compagnie seront teints incessament de couleur bleüe et qu'il n'en sera fait a l'avenir que de pareille couleur, avec le cordon de couleur rouge, comme aussy que lad. compagnie s'appellera desaprésent et a perpetuité la compagnie des penitens bleus de la ville de Tulle et qui sera desservie dans la chapelle du Puy St Clair sous l'invocation de St Jérome, conformement aux anciens statuts auxquels il ne sera en rien nové ny derogé, non plus qu'aux privilèges accordés par nos Saints Peres les Papes a lad. compagnie par differentes Bulles, brefs et indulgences, et ordonner que vôtre ordonnance sera exécutée de point en point suivant sa forme et teneur, et les suppliants continueront leurs vœux et prieres pour la santé et prosperité de vôtre grandeur (1). »

L'Evêque, qui très probablement avait été pressenti et tenait à être agréable à une confrérie dont il occupait le premier rang, s'empressa d'accueillir la requête des pénitents et écrivit au bas ces quelques lignes :

Soit fait comme est requis. A Tulle le vingt un[e] de Decembre mil sept cent trente trois. Signé : Charles, Evêque de Tulle, et plus bas, par Monseigneur, Lagrange, secretaire, et scellé du sceau de Mgr l'evêque.

En suivant de page en page le livre de ses délibérations, nous avons constaté la marche progressive de la confrérie. Les pénitents gris de 1601, devenus les pénitents bleus, comptent parmi les associations les plus nombreuses et les mieux organisées de la région. Ils ont placé à leur tête des personnages influents et attiré dans leurs rangs de nombreux représentants des classes élevées de la société. Un zèle pieux anime les membres; ils payent de leur personne et de leur bourse; ils se

---

(1) Cette requête a été publiée par M. l'abbé Poulbrière dans le *Bulletin de la Soc. des Lettres, Sciences et Arts de la Corrèze, t. XIII, 1891, p. 131.*

sentent solidaires les uns des autres et se soumettent, sans trop de défaillances, aux règles de leurs statuts.

Dans cette réunion d'hommes, si divers d'origine, que les conditions de leur vie vouaient à des mœurs si opposées, il se glissait quelquefois des gens tarés, des rebelles, des violents. L'assemblée générale les éliminait. Elle reprimait sévèrement les scandales et se montrait indulgente quand la faute était peu grave. Nous trouvons, dans le livre de la compagnie, quelques exemples de l'exercice du pouvoir disciplinaire de l'assemblée générale.

Aujourd'huy susd. jour 15e septembre 1720, dans l'assemblée tenue pour faire la procession de nostre Dame du Puy, sur ce qui a eslé proposé par le sieur Fénis sindic que les nommés Jean Tournier et Martial Leyniat confreres le jour de la procession de la Lunade quitterent la procession au lieu de la Bachelerye et descendirent en habits sans attendre la procession et furent boire en habits de penitents chez le Miniare ce qui auroit causé un scandale notable, il a esté résolu d'une commune voix que lesd. Tournier et Leyniat seroient obligés d'assister a tous les offices qui se feront dans la chapelle du Puy St Clair a genoux dans la tribune jusques jour de Pasques prochain exclusivement et a faute par lesd. Tournier et [Leyniat] de subir la penitence a eux imposée du commun consentement de la compagnie ils demeureront biffés pour toujours.
Signé : Bardon, Pourchet, Freyssinges, Fénis sindic, de Lagarde secretaire.

L'insubordination était rigoureusement punie. Deux confrères ayant « insulté les sieurs sindiqs d'une manière atrosse et estant pleins de vin », la compagnie a décidé, le 30 septembre 1724, « qu'ils seroient et demeureroient pour chassés et expellés de lad. compagnie et sans experance d'y pouvoir estre reintagrés sous quelque pretexte que ce soit, et deffances a tous confreres de les proposer a peine de biffement. »

Ces faits n'apparaissent que comme de rares exceptions. L'autorité des officiers était respectée et la discipline observée scrupuleusement. Le calme regnait dans les réunions. Les cérémonies extérieures étaient édifiantes. Quand la confrérie prenait part aux processions, précédée de sa croix et de ses dignitaires, alignée sur deux files, portant ses bâtons et ses cierges, psalmodiant des hymnes, la population s'inclinait dévotement, se sentait touchée par la foi vive de ces hommes de toutes conditions qu'animaient les mêmes sentiments d'humilité et de solidarité chrétienne.

Il arriva pourtant une fois que la compagnie, pendant une procession solennelle, fut gravement outragée et attaquée par une bande d'individus, en plein jour et dans un des quartiers les mieux habités de la ville. L'émotion fut considérable. Un procès-verbal, dressé le lendemain de l'événement, nous en fait connaître les détails :

Aujourd'huy quinziesme avril 1740, dans l'assemblée convoquée en la manière accoutumée dans la salle de Mrs les penitens bleus de la ville de Tulle ou a présidé le sieur Merciel scindic prêtre de lad. compagnie assisté d'un grand nombre de confreres qui sur la representation qui leur a esté faitte par led. sieur Merciel que le jour de hyer jour de jeudy en sortant de l'eglize des dames religieuses de Ste Ursule ou lad. compagnie avoit esté visiter le St Sacrement et allant de lad. eglize de Ste Ursule a celle des Peres Carmes, certains quidams vinrent a main armée de pierres et gros bastons faire insulte a la procession solennelle qui se fait chaque annee ce jour la, et après avoir insulté quelques confreres ils auroient jetté beaucoup de pierres sur les plus notables confreres qui composeroient lad. procession et auroient par violance brisé les bastons qui accompagnent la croix de la procession et auroient donné aussi des coups de grosses barres sur plusieurs confrères, ce qui auroit obligé M[rs] les officiers de lad. compagnie a verbaliser par devant M. le lieutenant criminel qui sur les conclusions de M. le procureur Roy aurait decerné un decret de prise de corps contre lesd. quidams. Et lad. compagnie apres avoir meurement deliberé, il auroit esté convenu et arresté d'une voix unanime qu'a la diligeance de M[rs] les scindics et secretaire de lad. compagnie il seroit porté plainte contre lesd. quidams pard[t] la cour presidialle et demandé la jonction devant le procureur du Roy pour la reparation de l'injure qui a esté faite a lad. compagnie et des excès qui ont estés commis sur ses plus notables confreres qui composoient de jour de hyer la procession, et que les poursuites en seroient faites jusques a arrest déffinitif s'il est besoin, obligeant a cet effet lad. compagnie tous ses revenus, et en cas d'insuffisance donne plein pouvoir aux députés d'aliener et engager ce qui appartiendra a lad. compagnie pour avoir une prompte repararation des injures commises par irreverrance à lad. compagnie.

Signé : Merciel prêtre, Darluc L[t] géneral, Saint Priest de St Mur, Bussière avocat, Galand scindic, Sudour scindic, Roussarie, Monteil, Estorges, Valadier, Lignaret, Beaufes, Tramond, Lagarde, Maillard, Eymard, Lagier, Vigerie, François Serruaux, Dussol, Constantin et Pourchet secraitère.

La confrérie était décidée à mener la chose au bout et à ne reculer devant aucun sacrifice pour obtenir le châtiment des coupables. Parvint-elle à les découvrir et à les faire arrêter? Le livre des délibérations est muet sur la suite de l'affaire.

Très jaloux de leur dignité et de leurs prérogatives, les pénitents bleus n'hésitèrent pas à résister aux entreprises de M. du Mirat, qui prétendait, vers 1738, avoir le droit, en sa qualité de curé de la paroisse de saint-Pierre, de présider les cérémonies de la confrérie et de prendre part à ses processions en étole et surplis. La querelle s'envenima à tel point que M. du Mirat saisit le Parlement de ses revendications et demanda, dans une requête qui est un véritable pamphlet, la suppression de la confrérie (1). Il la représente comme une assemblée de gens de l'un et l'autre sexe, suspects sous leurs masques, dangereux pour la Religion et pour l'Etat, s'armant « de gros batons avec lesquels souvent ils frapent la populace qui ne fait pas assez tost place à leur troupe »; il reproche enfin aux pénitents — et c'est là le mobile réel de sa dénonciation, — de lui disputer les droits et les prérogatives de son bénéfice.

A cette diatribe, la confrérie répondit par un mémoire dans lequel elle rappelait son origine, son but, la régularité de ses exercices, la parfaite tenue de ses adhérents, l'estime dont elle était entourée; elle dénonçait les manœuvres louches et intéressées de M. du Mirat et demandait justice à la Cour « contre le plus injuste, le plus hardy et le plus téméraire de tous les calomniateurs. Les syndics et le public, disait l'auteur du mémoire, attendent pour réparation une peine capable d'imposer silence éternel à un tel homme. (2) ».

Le curé du Mirat avait à faire à de puissants adversaires, soutenus par l'évêque et jouissant d'une juste popularité; il ne poussa pas l'affaire, et sa requête fut classée au greffe du Parlement.

Son successeur à la cure de Saint-Pierre ralluma la querelle. Le 24 juillet 1783, il sortit de son

(1) Cette requête a été publiée par M. l'abbé Poulbrière dans le *Bull. de la Soc. des Lettres, Sciences et Arts de la Corrèze*, t. XI, 1889, p. 142 et s.

(2) Le mémoire de la confrérie a été publié par M. l'abbé Poulbrière dans le *Bulletin de la Soc. des Lettres, Sciences et Arts de la Corrèze*, t. XIII, 1891, p. 121 et s.

église, revêtu de l'étole, précédé de la croix paroissiale et de sa communauté de prêtres, pour aller prendre la tête d'une procession que les pénitents bleus devaient faire dans le but d'obtenir le beau temps. Prévenus aussitôt, les pénitents déléguèrent deux de leurs anciens prieurs qui se portèrent à l'avance du curé et le décidèrent à rebrousser chemin. Le procès-verbal suivant fut immédiatement rédigé.

Aujourd'huy vingt quatre juillet 1758, dans la salle de Mrs les pénitens bleus de la ville de Tulle, sur ce qu'on a été averty que le sieur curé de Saint-Pierre se préparoit pour venir, avec sa croix et en etole, pour assister a la procession de notre dame du Puy, accordée verbalement aux penitens par Monseigneur l'evêque de Tulle superieur né de lad. compagnie, aux fins d'obtenir le beau temps par l'intercession de la mere de Dieu; on a sur le champ deputé devers le sieur curé messieurs Lagarde d'Auberty et de Jaucen de Poissac anciens prieurs de la compagnie, lesquels auroient rencontré le sieur curé en étole, precedé de sa communauté et de sa croix, auxquels on auroit representé de la part de la compagnie qu'on ne sauroit renoncer au long usage et à la possession immemoriale ou elle est de faire de pareilles processions sans que le curé eut aucun droit d'y assister, que cet usage avoit été authorisé par une ordonnance de feu Monseigneur d'Argentré, du 10 octobre 1737, qui en pareille occasion avoit donné lieu a un procès vis a vis de Mr Dumyrat predecesseur dud. sieur curé, dont l'instance pendante au parlement avoit resté impoursuivie par la juste crainte qu'eut le sieur Dumyrat d'echouer dans une affaire, ou pour etre rellement fondé il falloit, suivant la jurisprudence des arrets, avoir un titre exprès; a quoy le sieur curé ayant répondu qu'il croyoit etre en droit d'assister a toutes les processions qui se faisoient sur sa paroisse, et que d'ailleurs le sieur Sourries l'avoit sollicité d'y assister, qu'il y alloit par devotion et qu'il ne voyoit pas qu'il put y assister sous un autre titre que celuy de curé, que son étole et sa croix en étoient les marques distinctives, quo plustot que de les abandonner il était pret a se retirer ; a quoy lesd. deputés repondirent que la compagnie se verroit avec chagrin privée de la presence d'un confrere aussy respectable ; De tout quoy a eté fait registre.

Signé : Levreaud jeune secretaire.

Le 1er août suivant, nouvelle procession des pénitents bleus. Cette fois, le curé de Saint-Pierre envoya une protestation à l'évêque; et il semble résulter de la délibération prise à ce sujet par la confrérie que l'évêque blâma la conduite des pénitents :

Advenant le six aoûst, le jour que le St Sacrement etoit exposé pour le beau temps, 6 aoûst 1753, le sieur Maugen scindic ayant requis l'assemblee au sortir des vepres de la compagnie, pour lui faire part d'un certain acte de protestation fait par led. sieur curé de saint-Pierre a raison de la procession de notre dame du Puy en datte du premier dud. mois, il a eté arreté qu'avant proceder a plus ample deliberation les sieurs de Lagarde et Maugen se retireroint devers monseigneur l'évèque de Tulle auquel ils représenteroint très respectueusement que les motifs qui ont engagé la compagnie a resister aux prétentions du sieur curé de saint Pierre sont les mêmes qui l'animerent lors de la contestation de monsieur l'abbé Dumyrat, son prédécesseur ; que flattée autant qu'honorée de l'avoir pour supérieur, elle n'en reconnoitra jamais d'autre ; que confiée à ses soins par notre saint père le Pape Urbain huit, elle espère que sa Grandeur voudra bien lui accorder la continuation de ses bontés et luy permettre de demander juridiquement aud. sieur curé les titres qui forment sa pretantion au mepris des termes precis de la Bulle d'erection de la compagnie et ce qui peut l'avoir engagé à former son acte de protestation.

Les deputés de retour ont dit que monseigneur l'évèque leur avoit repondu que l'affront qu'on avoit fait à Mr le curé de

St Pierre étoit des plus injurieux et que d'ailleurs M. le curé de St Pierre le representoit comme supérieur de la compagnie ; sur quoy la matière mise en deliberation, il a eté unanimement convenu qu'on notifieroit les deliberations cy dessus au sieur curé de St Pierre, et qu'on l'assureroit par cet acte que l'on sera toujours charmé et flatté de le recevoir comme confrère, mais que tant qu'il n'aura d'autre titre que celuy de curé, la gloire et l'honneur de la compagnie, plus spécialement encore les droits de juridiction et de préseance que monseigneur l'évêque par un privilège bien honorable pour la compagnie a seul droit de prétendre, engageront toujours les confreres a fronder sa pretention chimerique, qu'on le sommeroit de plus de representer les titres qu'il peut avoir pour former son droit suivant l'arrêt raporté par Desmaisons, et faute par luy de le faire luy declarer que son acte de protestation sera regardé comme derisoire et ne faira surement pas la matiere d'un proces qu'il parait redouter d'avance.

Signé : Delagarde d'Auberty, de Jaucen de Poissac, Roussarie, Queyrie prêtre, Fenis, Mas, Chassaing, Neutre, Levreaud secrétaire.

Les pénitents, on le voit, n'en persistaient pas moins dans leur résolution. Si notre curé, disaient-ils, veut prendre part à nos cérémonies, qu'il vienne à nous en confrère ; nous serons heureux de le recevoir. Mais s'il ne se présente qu'avec son titre de curé, il nous trouvera toujours prêts à « fronder sa prétention chimérique. »

Plus ardent encore que son curé, un des prêtres communalistes de l'église Saint-Pierre prit contre la confrérie une attitude aggressive et outrageante. Il était membre de la compagnie et, à ce titre, aurait dû se tenir sur la réserve. Mais dans cette rivalité entre la croix paroissiale et la croix des pénitents, il s'était tout naturellement rangé derrière la première, et allait, sans retenue, manifester ses sentiments. Il refusa l'eau bénite qu'un confrère lui offrit à la porte de la chapelle du Puy-Saint-Clair, traita d'habit de mascarade le sac des pénitents et proféra, contre la corporation, divers propos injurieux. C'en était trop. Dans sa séance du 6 août 1758, l'assemblée générale décida à l'unanimité que le nom du sieur Plas « seroit rayé et biffé de sur les registres de la compagnie et en conséquence qu'on ne luy rendroit aucun honneur ny service a la vie ny a la mort. »

Cette décision irrita de plus fort le clergé de l'église Saint-Pierre qui, prenant fait et cause pour le communaliste Plas, s'interdit, à peine de dix livres d'amende, d'assister aux processions des pénitents bleus. La rupture était complète. Les syndics demandèrent à l'assemblée générale du 13 avril 1759 de prononcer la radiation des communalistes de Saint-Pierre. Leur exposé des motifs se trouve dans la délibération qui suit :

Dans la même assemblée a été exposé à M[r] le prieur par les sindics et principaux confrères que les prêtres communalistes de Saint-Pierre venoient de faire entre eux une déliberation portant dix livres d'amende contre un chacun de ceux qui assisteroient aux processions de la confrairie, fondée sur ce que l'on avoit biffé cy-devant le sieur Plas, communaliste de lad. paroisse, et qu'ils vouloient aujourd'hui des excuses et un retablissement tel que l'exigeroit led. sieur Plas de la compagnie, ce qui paraissoit contraire a toutes les regles ; et qu'on suplioit M. le prieur de vouloir bien faire biffer tous et un chacun des prêtres de St Pierre, en punition de leur irreligieuse deliberation, sauf de Mrs Sourries et Queyrie qui avoient signé opposants.

Sur led. exposé led. prieur a representé qu'il etoit a propos de marquer en tout de la moderation, et qu'il porteroit au Sgr evêque les griefs de la compagnie contre lesd. communalistes, pour ensuite statuer ce qu'il appartiendroit.

Signé : Lespinasse de Pebeyre, prieur.

Les griefs de la compagnie furent présentés à l'évêque sous la forme du mémoire qu'on va lire :

MÉMOIRE PRÉSENTÉ A MONSGR L'ÉVÊQUE ET VICOMTE DE TULLE POUR M[rs] LES PRIEUR, SOUSPRIEUR, SINDICS ET CONFRERES DES PENITENS BLEUS, ÉTABLIS DANS LAD. VILLE, CONTRE M[rs] LE CURÉ ET PRÊTRES DE LA COMMUNAUTÉ DE St PIERRE ET NOMMEMENT CONTRE LE CHAPELAIN DE St CLAIR, AUSSI PRÊTRE DE LAD. COMMUNAUTÉ.

Monseigneur,

La confrerie des penitents bleus de votre ville y est établie depuis environ deux siecles ; il y a dans bien des villes du royaume des confreries semblables. C'est à l'exemple d'Henry 3e que ces sortes de congregations ont été formées. Les statuts de la nôtre ont eté confirmés le 16e juillet 1628 par une Bulle du souverain pontife Urbain 8e. La même année et au douze décembre le même St Père accorde une seconde Bulle contenant diverses indulgences concédées à notre compagnie. La fulmination en a été faite en 1629. Le pieux statut de l'assistence des condamnés à mort a été fait et omologué en 1690.

Depuis ce tems là tous les seigneurs Eveques, vos illustres predecesseurs, nous ont honoré de leur bienveillance, les noms de St Aulaire, de La Vaillere, d'Argentré seront en éternelle vénération parmi nous. Votre grandeur n'ignore pas sans doute ce qu'a fait le premier en notre faveur ; on conservera precieusement dans nos archives les titres justificatifs de ses bienfaits, de sa tendresse et de son amour paternel pour la confrerie. Nous avons eu l'honneur de l'avoir pour prieur en 1705, Mgr de La Vaillere en 1707, Mgr d'Argentré en 1733.

Dans tous les temps même les plus reculés tout ce qu'il y a eu de mieux dans la province soit dans l'etat eclesiastique dans l'epée dans la robbe ont tenu a grand honneur de s'agréger a lad. confrerie. Nous ne finirions pas si nous voulions raporter icy les noms de tous ceux qui ont bien voulu se faire inscrire et recevoir parmi nous a l'exemple toujours du grand Roy qui se fit avec toute sa cour honneur de porter l'habit de penitent et commenca en 1583 avec le cardinal de Guize, qui portait la Croix, a marcher processionnellement dans Paris a toutes les solennites de l'année.

Mgr le Dauphin vient, dit-on, d'être nommé prieur des penitents bleus de Toulouse, et nous voyons de nos jours refleurir nos anciens statuts que la piété et la religion de nos peres ont dictés et qu'ils nous ont transmis.

Nous pouvons, Mgr, expozer a votre Grandeur sans vanité et sans ostentation qu'il regne encore parmi nous ce premier esprit de notre institut. Si quelque membre de la confrerie s'est écarté de son devoir, nous avons eté dans tous les temps les premiers à les en punir, et c'est ce qui a maintenu jusqu'icy notre congregation florissante.

Le sieur Plas, pretre communaliste de l'eglize paroissiale de St Pierre, par deliberation du 6e aoust dernier tenue par M[rs] le prieur, sousprieur et sindiqs assistés de vingt quatre confreres, fut banny et expellé de notre confrerie, fondé sur ce qu'il avoit traité le s[t] habit dont nous sommes revetus de masque, n'ayant point voulu recevoir d'eau benite a l'entree de notre eglize d'un de ses confreres, et pour avoir prononcé nombre de termes injurieux contre lad. confrerie, renouvellant en cela les injures atroces du feu sieur Dumirat vivant curé de St Pierre rapportées dans sa requette au Parlement contre les penitents ; un de nos respectables confreres y repondit et on y auroit recours si besoin est et principalement pour ce qui concerne les Lettres patentes dont on fait tant de bruit et dont nous pretendons avec raizon n'avoir plus de besoin.

Les communalistes de Saint-Pierre ont pris fait et cause pour le sieur Plas et au lieu de l'engager a venir faire des soumissions a la frerie pour lui avoir manqué essentiellement et au respect dû a la religion, ils ont entreux deliberé que si le sieur Plas n'étoit pas remis au rang des confreres et ne recevoit pas d'excuzes des principaux de la confrerie aucun des communalistes n'assisteroit a nos processions sous peine d'une amande pecuniere de 10 livres ; ladite deliberation vient d'etre controllée et rendue publique ; nous n'y avons vu que deux des communalistes qui s'y soient signé opposants.

Permettez nous, Mgr. de vous observer que ladite deliberation nous parroit contraire aux lois divines et humaines et nous ne pouvons nous empescher, si votre Grandeur n'a la bonté d'interpozer son autorité et nous rendre justice, de traiter, dans une deliberation qui se tiendra a ce sujet parmi nous, les sud. communalistes selon le rit et coutumes de notre compagnie.

Nous passons sous silence a votre Grandeur l'entreprise que que fit l'année dernière M. le curé de St Pierre. Il prétendoit etre fondé a assister a toutes nos processions avec sa croix et etole quoique la Bulle confirmative de nos statuts porte expressement que nous pourrons soubs notre bon plaizir et soubs l'autorité de notre Grandeur faire dans notre eglize celebrer les s[ts] offices et faire nos processions conformement a notre regle.

Mais nous ne pouvons vous taire, Mgr. les entreprizes du chapelain de St Clair. Il a été pourvu par votre Grandeur de ce benefice; il est venu en prendre possession dans notre eglize sans faire a aucun de nous la moindre politesse. Led. benefice ne consiste aujourd'huy qu'en quelques offrandes que le peuple presente pendant les foires de la St Clair. Le territoire adjacent a notre eglize étoit anciennement dependant de lad. chapellenie et nous a été concedé par bail amphitéotique du 1er janvier 1704 soubs la rente annuelle d'un ecu valant trois livres ; La suzerainetté de l'endroit demeurant au tresorier de l'eglize cathédrale soubs la redevance de cinq sols payables par led. chapelain.

Ce chapelain pretend aujourd'huy revenir sans aucune ombre de raizon contre led. arrentement. Il veut, a ce qu'il paroit, s'emparer de notre eglize, de nos battimens, en un mot nous chasser du Puy St Clair sans faire attention que le sol ne luy appartient plus, ayant eté a arrentement, que nos allées plantées tout autour des battimens sont devenues un lieu public, que nos battimens et la chapelle en entier ont été construits aux frais et depens de la confrerie et luy fairont toujours honneur soit par la decoration soit par l'air de pieté et de religion qui regne dans les differentes partyes qui les composent.

Que le chapelain de St Pierre soit en droit de presenter et d'exposer au public dans notre eglize les reliques du saint, d'y recevoir les offrandes du peuple, c'est a quoy on n'a jamais pretendu s'opposer; qu'il vienne y remplir les fonctions portees dans le titre d'établissement de son benefice, c'est en regle; qu'il exige son ecu de rente, on ne le luy dispute pas. Mais sans aucun égard et consideration pour la sonfrèrie, qu'il dise etre maitre chez nous, pouvoir uzer de nos ornemens, faire bruler notre cire a volonté, ètre en droit de disposer de nos sales pour y boire et manger, y recevoir ses connaissances, c'est ce que nous ne passerons jamais sous le bon plaizir de votre Grandeur.

Que le chapelain du Puy St Clair sache que ses predecesseurs n'avoient anciennement qu'une petite chapelle ou oratoire situèe dans le milieu du cimetiere dudit lieu, dont il ne seroit pas encore difficile d'en trouver le vestige et que ce n'est qu'apres la construction de notre eglize battie en 1593 ou 94 que ses predecesseurs ont laissé tomber en ruine la chapelle de St Clair et ont transporté dans notre eglize de notre consentement le service de la chapellenie.

A ces causes, nous demandons tres humblement a votre Grandeur d'etre maintenu dans nos anciens statuts, que justice nous soit rendue sur le procedé odieux des pretres communalistes de St Pierre, que deffences soit faites au chapelain de St Clair de nous troubler dans notre jouissance et possession, et tous les confreres des penitens bleus de votre ville continueront de marcher d'un pas egal dans l'observance de leur regle, et offriront au ciel, Monseigneur, les vœux les plus ardens pour la prospérité de votre grandeur.

L'évêque se garda bien de prendre immédiatement une décision ; il savait que l'ardeur des deux partis se calmerait avec le temps. Sa réponse fut consignée en ces termes sur le registre de la confrérie : « La réponse du Sgr l'Evêque a été : que sa grandeur communiqueroit led. memoire à M^{rs} les grands vicaires, et que selon leurs avis on statueroit ce qui appartiendroit, et qu'en attendant on esperoit qu'on n'innoveroit rien et qu'on se le propromettoit du sieur prieur. »

Dans l'assemblée générale du 14 avril 1759, après avoir pris communication du mémoire qui précède et de la réponse de l'évêque, les pénitents bleus résolurent « d'une commune voix que la compagnie devoit, avant de passer outre, attendre une reponse du Sgr. evêque ; que cependant, sans perdre de temps, Mr le prieur travailleroit à avoir des Lettres patentes pour la confrairie, ce qu'il a promis de grand cœur et assuré de son zèle pour le bien desd. penitens. ».

Il ne fut plus question du différend.

Pour terminer cette première série de documents sur les pénitents bleus de Tulle, nous copions dans le livre de la confrérie le compte rendu des obsèques du marquis de Saint Jal.

Jean-Claude de Lastic, marquis de Saint-Jal, vicomte de Beaumont, avait fait une brillante carrière militaire. Entré dans l'armée comme mousquetaire en 1703, il passa successivement par les grades de capitaine au régiment de la Mothe, de guidon des gendarmes de la garde, de maître-de-camp et de maréchal-de-camp ; en 1745 il fut fait lieutenant général des armées du roi. Il avait épousé la fille du maréchal de France Bazin de Bezons. Retiré en Limousin, il se fixa à Tulle où il mourut en 1765. La population lui fit de belles funérailles, et les pénitents bleus, dont il était le confrère et le bienfaiteur, voulurent conserver dans leurs annales ce récit de sa mort et de ses obsèques.

Relation de ce qui s'est passé a l'occasion du decez de Messire Jean de Lastic, ecuyer, Marquis de St Jal, Lieutenant Général des armées du Roi, Gouverneur de Salse en Roussillon, aggregé a la présente compagnie.

Le 10 février 1765, vers les six heures du soir, led. seigneur Marquis de St Jal décéda en cette ville. Au bruit qui se repandit subitement dans tous les cantons de Tulle que ce seigneur n'etoit plus ; au son réitéré du canon qui en confirma la triste nouvelle, tous les habitans penetrés des sentimens de respect, de reconoissance et d'amòur qu'un grand homme protecteur de sa patrie produit dans tous les cœurs, pleurèrent sa mort.

La Compagnie de M[rs] les pénitens bleus de cette ville qui tenoit a grand honneur de le compter parmy les confrères qui la composent et qui en sont l'ornement, se disposa à lui rendre les derniers devoirs avec tout le zèle dont elle etoit capable ; un nombre extraordinaire de confrères s'assembla autour de son corps pour rendre, par de ferventes prières, le ciel propice à son entrée dans l'éternité. Quatre prêtres revêtus de surplis se joignirent à eux pour la recitation de l'office des Morts. La decence et la gravité qu'on observa dans cette cérémonie lugubre penetrèrent les assistans des plus vifs sentiments de piété et de religion. La nuit qui suivit, la compagnie députa six notables confrères pour veiller auprès du corps ; ils s'occupèrent pendant ce tems, que le silence favorise, à de saintes lectures, à de pieuses reflexions, et à revêtir le corps du deffunt de notre saint habit.

Le lendemain 12 du même mois, jour de ses funérailles, Mre de Jaucen de Poissac, conseiller en la Cour de parlement de Bordeaux, pour seconder son zèle fit passer à la compagnie un grand crepe pour servir de voile à la grande croix, accompagné de six flambeaux de cire pure. Sur les 4 heures du soir on procéda à ses obseques. Elle furent celebrées avec toute la pompe dont cette ville est capable. La milice bourgeoise fut commandée ; tous les corps séculiers et réguliers, nos confrères s'y rendirent en grand nombre et ne quittèrent jamais son corps jusqu'à ce qu'ils l'eurent eux-mêmes inhumé. L'office se fit dans l'eglise paroissiale de St Pierre. Il fut ensuite transporté dans la chapelle de la Visitation où, après la dernière absoute, il fut enseveli dans le milieu de la chapelle dont les murs et les embellissemens annoncent la magnificence du bienfaiteur deffunt. Le lendemain la compagnie fit celebrer, pour le repos de son âme, un service solennel. On éleva sur son tombeau un monument orné d'un grand nombre de cierges que les libéralités des parents du deffunt firent délivrer à la compagnie à cet effet. Nos confrères, revêtus de sacs, se rendirent processionnellement dans la chapelle de la Visitation; les cierges et les flambleaux qu'ils tenoient à la main, réunis avec ceux dont le monument étoit illuminé, formoient un tres beau spectacle. La messe fut célébrée par M. de St Aulaire grand vicaire du diocèse accompagné de diacre, sous-diacre, prêtre assistant et maître des cérémonies. Elle fut chantée par le bas chœur et la musique de la cathédrale secondés de quelques confrères de la Confrérie dont les voix étoient remarquables. Cet office fut célébré d'une manière capable d'inspirer des sentiments de piété aux cœurs les plus endurcis. Outre les dons que nous avons déjà cités, la Compagnie a reçu la somme de soixante livres; et de l'avis de nos prieur, sous-prieur, secrétaire et sindics, nous avons inséré dans nos registres le présent mémoire pour exciter dans les cœurs des confrères qui composeront à jamais notre compagnie des sentimens d'une tendre piété et les porter à faire au Ciel des ferventes prières pour le repos de l'âme du seigneur deffunt et les remplir des sentimens de respect et de reconnoissance envers sa noble et vertueuse épouse et envers toute son illustre parenté.

Signé : Durie prieur, curé de Chameyrac, Parraud prêtre sindic, Bussieres, Mas, Dalmayrac, Béril, Sudour, Sudour fils sindic, Duchier sindic, Pauquinot, Four, Barry, vicaire de Saint-Pierre, Sudour, procureur d'office, Candeze prêtre, Béril père, Béril, Sudour procureur d'office, Brunie jeune.

Le registre des délibérations, que nous avons eu en mains et d'où nous avons tiré les documents qui précèdent, s'arrête à l'année 1775. Quels incidents marquèrent, après cette date, la vie de la compagnie? Nous n'avons pu le savoir. Comme la confrérie des pénitents blancs, elle traversa, sans doute, les premières années de la Révolution pour ne se disperser qu'en 1792. L'église où elle célébrait ses offices fut saccagée pendant la Terreur, et ses ruines couronnèrent la colline du Puy-Saint-Clair jusqu'au retour en France de la liberté religieuse.

Aux notes que nous avons tirées de l'ancien registre des délibérations de la confrérie, il est intéressant d'ajouter le détail de certain cérémonial resté en vigueur jusqu'en 1792 et dont les règles ont été appliquées de nouveau après la reconstitution des pénitents au commencement du XIXe siècle.

Une longue pratique avait apporté quelques modifications aux statuts primitifs ; les assemblées générales les avaient commentés et précisés. La compagnie jugea à propos de réunir en un corps de volume le formulaire que l'usage ou la décision des dignitaires avaient adopté pour le recrutement des confrères, l'élection des officiers, l'exercice du culte et les solennités religieuses. Elle fit imprimer en 1654, par Dalvy, un rituel qui a pour titre : *Livre de prières de la Confrérie des Pénitens gris sous l'invocation de saint Jérome, établie à Tulle dans l'église du Puy-Saint-Clair.* Ce livre, devenu fort rare, contient les plus précieux renseignements sur la confrérie qui nous occupe. Nous lui empruntons quelques pages relatives aux principaux actes de la vie du pénitent.

Voici, pour commencer, les démarches imposées aux postulants et la réglementation de la cérémonie de leur admission dans la compagnie :

MANIERE DE RECEVOIR LES NOVICES EN LA FRERIE DES PENITENS, SOUBS L'IMITATION DE SAINT HIERÔME

Celuy qui desire estre reçeu en la confrerie des Penitens gris, doit s'addresser à tel des scindics qu'il voudra ; lequel scindic rapportera l'intention du postulant au prieur et soubprieur, faira assembler les deleguez pour deliberer sur sa presentation, s'ils le jugent à propos donneront ordre aux scindics de le proposer par trois diverses fois, dans l'assemblée pour faire inquisitions sur sa vie et mœurs ; que si personne ne s'oppose à sa reception, on luy donnera un Directeur, qui aura soin de l'instruire des Ordres, Statuts, Regles, et de tout ce à quoy un Penitent est obligé : que si le Directeur le trouve constant et porté de vivre soubs la Regle de saint Hierôme, il en fera le rapport au prieur dans l'assemblée qui donnera ordre audit Directeur d'advertir ledit postulant de faire sa confession generale, de faire faire son sac pour estre procedé à sa reception au jour de l'assemblée generale que le Prieur luy marquera. Mais avant que le Prieur procede à sa reception, il dira alternativement avec les Freres à genoux l'Hymne du saint Esprit, *Veni Creator Spiritus, etc.*

Et apres le Prieur prenant le consantement des Confreres, donnera ordre au Directeur de le faire entrer dans la sale, où apres avoir salué la compagnie, il se mettra à genoux vis à vis du Prieur, qui luy dira : Frère, que demandez vous ? — Le novice répondra : la misericorde de Dieu et la paix de cette compagnie. — Le Prieur repondra : Promettez-vous d'observer les Regles et Statuts de cette compagnie, de procurer le bien d'icelle, de garder le secret, d'obéir à vos supérieurs ? — Le novice ayant répondu : Ouy, aidé de la grace de Dieu, — le Prieur répondra : nous vous en prions et vous recevrez entiere consolation, et recevra dudit novice l'attestation de sa confession generale.

Le Prieur, recevant ledit novice par la main, le conduit dans la tribune, où estant à genoux, le Prieur dira debout : *Dominus custodiat introitum tuum, etc.* Apres faut dire le pseaume de David tout du long : *Miserere mei Deus.*

Et puis le prieur benira le sac qu'il doit donner au novice comme s'ensuit : *Adjutorium nostrum, etc.* Apres avoir jeté de l'eau beniste sur le sac, dira l'Oraison suivante, se tournant vers le confrere, et luy jettera de l'eau beniste avec l'aspersoir : *Adesto Domine supplicationibus nostris, etc.* Et luy donnant le sac, dira : *Induat te Dominus novum hominem, etc.* Le novice estant revestu, le prieur entonnera : *Te Deum lauda-*

mus, etc., pendant lequel le confrere reçeu embrassera chacun des confreres disant : *pax tibi frater*, et l'hymne achevé, le Prieur dira le Verset et l'Oraison suivante : *Benedicamus patrem, etc.* Apres le confrere receu dira l'oraison suivante, le cierge à la main :

Saint Hierôme, je me consacre aujourd'huy à vostre saint service, je propose fermement de ne vous pas quitter, d'obeyr ponctuellement à mes superieurs en ce qui concernera vostre gloire, l'honneur et l'interest de la Frerie : mais comme je suis une foible creature, agreez que je vous prenne pour mon patron, pour mon advocat et protecteur maintenant pendant le cours de ma vie et à l'heure de ma mort. Ainsi soit-il.

Le confrere ayant fait sa protestation, le Prieur dit à genoux, les Freres repondant, les litanies de nostre glorieux patron saint Hierôme.

Le Prieur, prenant sa place dans la tribune exhortera le nouveau confrere de bien servir Dieu en la maniere que s'ensuit ou autrement s'il le juge à propos :

Mon tres-cher Frère,

Comme c'est un ouvrage de la misericorde de Dieu que d'avoir decillé vostre aveuglement et redressé vos voyes dans le grand chemin de salut, aussi faut-il conserver avec grand soin une grace si chere, pour n'estre pas surpris encore un coup des illusions de tant d'ennemis qui vous environnent. Combien y a-t-il d'hommes de toutes conditions dans le christianisme, parmy les idolatres, qui sont dans le desordre de leur vie à faute du brillant de lumiere qui eclaire leurs tenebres et leur fasse connaitre combien injuste est leur ingratitude envers nostre bon Dieu qui les a tirez du neant sans y estre obligé, les a rendus maistres de ce grand univers, et pour les couvrir à sa justice s'est rendu luy mesme le prix de leur rançon. Profitez de ce grand avantage, ne rendez pas inutile à vostre ame la grace de votre conversion, et n'ayez plus de curiosité pour les desordres de Sodome ; que desormais l'ordre de vostre vie fasse connoistre le desir que vous avez de plaire à Dieu et de servir d'exemple à vos confreres d'un veritable Penitent. Mais parce que nous devons avoir un Directeur secret de toutes nos actions, prenez pour guide vostre grand Patron saint Hierôme, aprenez à vous cacher avec luy par humilité sur la cresche en Bethleem, à vous mortifier sur la terre pour triompher dans l'éternité.

L'exhortation achevée, le secretaire prendra le nom du confrere pour l'enregistrer dans le livre et l'escrire dans le catalogue, et puis tous se retirent en paix.

Le voilà reçu pénitent ; il occupe son rang dans la compagnie, après les confrères plus anciens. Il a maintenant le devoir d'assister aux cérémonies et le droit de prendre part à l'élection des officiers supérieurs.

Nous transcrivons ici, d'après le Rituel de 1654, la procédure de cette élection :

MANIERE D'ELIRE PRIEUR, SOUS PRIEUR ET AUTRES OFFICIERS

Puisque toute bonne election vient du Ciel, tous les confreres s'assembleront dans la chapelle à huict heures du matin, la veille de saint Hierôme, où apres avoir ouy devotement la messe du saint Esprit dite par le Prieur ou un scindic prestre de la Frerie, ils s'en iront modestement dans la sale, chacun dans sa place ; le Prieur les exhortera de ne consulter pas leurs passions particulieres dans cette élection, de suivre les mouvemens de Dieu, non pas du monde, par l'exhortation suivante ou une autre selon qu'on jugera plus convenable :

Messieurs et tres-chers confreres,

Personne n'est appellé au ministere de l'eglise que par des secrets mouvemens de Dieu ; les ministres sont des Roys, consacrés par l'onction du saint Esprit à la direction et gouvernement du peuple ; et comme les Cieux inférieurs n'ont de mouvemens que par l'impression du premier mobile qui les emporté, ainsi les ministres de l'eglise suivent regulierement le mouvement de Dieu, ce premier mobile de nos ames qui les enleve heureusement pour les retirer du commerce des créatures. Les superieurs des communautés participent à cette onction et elevation divine. C'est pourquoy, dans leur election, nous ne devons pas consulter la terre qui en terniroit l'éclat et l'innocence par ses vapeurs infectes ; la mere perle ne se forme que par les douces influences de l'air, ainsi les Prieurs, veritables meres perles, ne se peuvent former que par les escoulemens du Ciel. Nous ne devons pas suivre les lumieres trompeuses du monde depuis que nous sommes eclerez par un autre principe. La justice aveugle n'a point d'acception des personnes, son glaive frape également le grand, le petit et soubs la majesté de son empire j'y vois abbatu le monarque aussi bien que le berger. Ainsi, Messieurs, vostre justice ne doit pas avoir d'acception des personnes dans cette election, vous n'y pouvez avoir d'autre interest que la gloire de Dieu, le service de nostre grand patron saint Hierôme, l'honneur et le bien de la Frerie. J'advoüe que moy et ceux pour qui je parle, n'avons pas eû les qualitez requises pour soustenir l'éclat de cette compagnie. C'est pour cela que nous vous demandons des successeurs pour reparer nos deffauts par leur zele et par leur prudence. Cependant nous vous remercions de l'honneur que nous avons reçeu, vous assurons que nous tacherons à reconnoistre cette faveur par tous les services que nous pourrons rendre en la qualité de vos tres-humbles et plus fidelles serviteurs. Mais afin que nous ayons un heureux succes de nostre assemblée, ayons recours au saint Esprit.

Veni Creator Spiritus, etc.

Les prieres estant achevées, le scribe faict lecture de ceux qui ont esté choisis dans l'assemblée particulière des deleguez pour estre proposez dans l'assemblée generale ; chacun par rang donnera son suffrage à tel que Dieu l'inspirera pour estre l'un Prieur, l'autre soubsprieur, le troisiesme scindic prestre, et quatre autres scindics laïques. Le scribe, ayant colligé les suffrages d'un chacun, les rapportera au Prieur, pour voir qui a la pluralité des voix. Que si les voix se trouvent my-parties, chacun par rang redonnera son suffrage. Cela estant faict, on procede à l'election du soubsprieur et des scindics en la mesme façon que du Prieur.

Et parce qu'il est convenable que l'action qui a commencé

par le mouvement de Dieu y finisse, ceux qui sont nommez pour Prieur, Soubsprieur et Scindics iront devant l'autel de la tribune, promettant à Dieu, entre les mains des anciens Prieur et Soubsprieurs, de bien et deüment regir ladite Frerie à l'honneur de Dieu et du glorieux pere saint Hierôme, de garder et faire garder les statuts d'icelle. Apres quoy les deux choristes entonneront devotement le *Te Deum laudamus* ; les confreres repondront à double chœur. A la fin le vieux Prieur dira l'oraison suivante : *Clementissime Pater omnipotens etc.*

Les devoirs des pénitents, pendant la maladie et à la mort de leurs confrères, sont reglés par les articles 22 et 23 des statuts. Le Rituel de 1654 est plus explicite et contient, avec le commentaire de ces articles, les prières qu'il est d'usage de dire en pareilles circonstances.

PRIÈRES POUR LES MALADES

Quand quelque frere ou sœur sont malades, les parens en doivent advertir le scindic de la Frerie, lequel ayant donné advis au Prieur, l'ira visiter avec cinq ou six confreres, l'exhortera à se conformer à la volonté de Dieu, à souffrir quelque chose pour l'amour de celuy qui est mort pour nous sur l'arbre de la Croix, l'animera à la reception des sacremens, luy offrira de la part de la Frerie tous les services et toutes les assistances qu'on luy pourra rendre tant pour l'entretien de la vie de l'ame que de la vie du corps.

Si la maladie augmente, le Prieur donnera ordre au courrier d'advertir les freres, lesquels estans assemblez dans la tribune de la chapelle, le Prieur commencera à genoux l'antienne suivante : *Ne reminiscaris*, puis le pseaume *Domine ne in furore tuo*. En suite de ce, le Prieur dit les versets, respons et les oraisons suivantes : *Saloum fac, etc.* ; et en suite on dit les litanies de saint Hierôme comme cy devant, hormis qu'au lieu de dire : *ora pro nobis*, on dira : *ora pro eo.*

PRIERES POUR LES AGONIZANS

Le prieur et autres confreres tacheront, tant que faire se pourra, d'assister à l'agonie des freres pour les secourir, soit par leurs exhortations, soit par leurs prieres qui se fairont en la maniere suivante.

On dira premierement les litanies de saint Hierôme en la maniere cy-dessus pour les malades, et à la fin les versets, respons et oraisons cy-après suivans : *Kyrie eleison, etc.*

Suit enfin la prière à dire si le confrère vient à expirer.

MANIERE D'ENSEVELIR LES MORTS

Il ne suffit pas d'avoir assisté nostre confrere dans l'agonie, nous devons honorer ce corps qui a logé une ame immortelle pour luy rendre nos devoirs jusques dans le tombeau. C'est pourquoy les six derniers confreres laïques reçeus se transporteront dans la maison du defunct avec le prieur ou scindic prestre pour y dire l'office des Morts, les psaumes penitentiaux et autres prieres, pour consoler les parens de leur perte en leur disant que la mort n'est qu'un passage à une meilleure vie ; si on meurt c'est aux afflictions et à la misere, pour vivre à la gloire et à l'eternité des delices du ciel.

Le lendemain matin les confreres, advertis du decez par la cloche et le courrier, s'assembleront à sept heures dans la chapelle, où revestus de leurs sacs dans la tribune, diront l'office des Morts tout entier pour l'ame du defunct ; à la fin de laudes, le prestre scindic dira la messe à cette intention, apres laquelle tous les confreres avec modestie, deux à deux en procession, diront alternativement avec les choristes les pseaumes *Miserere mei* et *De profundis*, jusques à l'enlèvement du corps, que les six derniers, pieds nus, porteront dans l'église où se doit faire l'office, et demeureront au tour à genoux. L'office fini, tous les confreres s'assembleront, diront, alternativement avec le Prieur, le pseaume *Miserere*, et à la fin du psaume le Prieur jette de la terre sur la biere du defunct, continuant : *Requiem œternam dona ei Domine, etc.* Cela fait, les choristes reprennent les pseaumes *Miserere* et *De profundis* jusqu'au cimetiere du Puy-Saint Clair où le Prieur commence le *Libera me* et dit l'oraison *Absolve quœsumus* pour le defunct et pour tous les confreres decedez. (Il termine par l'oraison : *Deus veniœ largitor, etc.*)

Saint Jean était le patron des pénitents blancs, mais son patronat s'étendait sur la ville entière. A la procession de la *Lunade*, faite en son honneur le 23 du mois de juin, tous les citoyens prenaient part ; les pénitents bleus y assistaient en corps. Le Rituel nous fait connaître l'ordre qu'ils observaient et les prières qu'ils récitaient pendant cette cérémonie populaire.

ORDRE DE LA PROCESSION DE SAINCT JEAN-BAPTISTE

Afin que tous les confreres participent à la joye que tous les fidelles reçoivent à la feste de ce grand Precurseur, ils s'assembleront, dans la chapelle du Puy-Saint Clair, la veille à quatre heures du soir, où revestus de leurs sacs, ils reciteront devotement complie et une vigile pour les confreres decedez. Cela faict, ils s'en iront à la procession deux à deux, cependant que les choristes entonneront les litanies de saint Hierôme jusques dans la grande eglise.

Lesquelles estans finies, l'on dit les versets, respons et l'oraison cy apres : *Ora pro nobis sancte pater Hieronime, etc.*

Et estans arrivez devant la chapelle saint Jean, apres un motet chanté en musique, on dit l'antienne : *Ingresso Zacharia*, etc. Les choristes immédiatement apres commenceront les litanies de saint Jean-Baptiste.

SECONDE STATION. De lors qu'on passe devant la chapelle de la Presentation de la Vierge, au faux-bourg d'Alverge, les choristes cessent et on la salue de l'antienne : *Salve Regina, etc.*

TROISIESME STATION. Les choristes commenceront les litanies de la Vierge, partans de la chapelle de la Presentation, qu'ils continuent alternativement avec les confreres jusques à l'oratoire appelé du Chambon, où ils disent l'antienne : *Apertum est os Zachariæ, etc.*

QUATRIESME STATION. Parce que une grande princesse ne peut pas marcher sans la foule de ses courtisans, les choristes commenceront les litanies des saints, à l'oratoire appellé de la Malaurie, qu'ils continueront jusqu'à la porte du Lyon d'Or, en faisant les stations comme s'ensuit.

CINQUIESME STATION. A l'oratoire appelé de Breygé.

SIXIESME STATION. A l'oratoire appelé de la Bachellerie.

SEPTIESME STATION. A l'oratoire appelé Crouxcheyrou.

(Des versets, respons et oraisons sont dits à chacune de ces stations.)

A l'entrée de la ville, les choristes disent à voix basse les hymnes qui s'ensuivent avec les confreres, jusques à l'Aubarède : Hymne de saint Jean Baptiste, *Ut queant laxis* ; autre hymne, *Antra deserti* ; autre hymne, *O nimis felix.*

A l'Aubarède les choristes commencent le *Te Deum laudamus* qu'ils disent gravement avec les confreres jusqu'à la porte Chanac où ils reprenent les hymnes *Ut queant laxis* et les autres.

Estant arrivez au cimetiere du Puy-Saint-Clair, le Prieur dit un *Libera me Domine* avec l'oraison *Deus veniæ largitor* pour tous les confreres decedez.

Le *Livre de Prières* des pénitents gris nous permet de rectifier une erreur que nous avons commise au cours de cette notice. Nous fondant sur ce que le catalogue des confrères ne contient aucun nom de femme, nous avons dit que les hommes seuls étaient admis dans la compagnie, et nous avons ajouté que les confréries limousines de pénitents n'avaient été que des confréries d'hommes. Nous avons la preuve aujourd'hui que, dans le Bas-Limousin tout au moins, il a existé des associations mixtes de pénitents et de pénitentes, et que les femmes n'étaient pas exclues de la confrérie des pénitents bleus de Tulle. Nous trouvons, en effet, dans le Livre de Prières de 1654, les deux chapitres suivants qui ne peuvent laisser aucun doute à cet égard.

MANIERE DE RECEVOIR LES CONFRERESSES

Toutes les sœurs estans assemblées dans l'eglise de la Frerie, le jour et l'heure que le Prieur, ou autre par luy deputé, leur aura marqué, il commencera, toutes les sœurs à genoux, la chandelle à la main, l'hymne du saint Esprit, *Veni creator, etc.* avec l'oraison *Deus qui corda fidelium. etc.*

Puis le Prieur, se tournant vers les sœurs, leur demandera si celle qui doit estre recüe est de bonne vie et mœurs ; si toutes consentent qu'elle soit recüe, le Prieur l'ayant faite entrer dans l'eglise, elle se mettra à genoux proche le balustre de l'autel, vis à vis du Prieur, luy demandant d'estre admise et enrollée en sa devote compagnie ; le Prieur acceptant sa bonne volonté, l'exhortera d'observer les commandemens de Dieu et les statuts de la Frerie, luy faisant promettre de n'y contrevenir en aucune façon ; à quoy ladite sœur donnera son consantement et lira avec le Prieur l'oraison suivante, pour protester ses respects et obeyssances à saint Hierôme.

Cette oraison est la même que celle dite par le confrère après son admission dans la compagnie.

La susdite oraison estant finie, le Prieur dit : *Dominus vobiscum... Oremus sorores charissimæ ut quod soror ista ore quæsivit, opere feliciter acquirat, auxiliante Domino nostro Jesu Christo qui cum Patre et Spiritu sancto vivit et regnat in sæcula sæculorum. Amen.*

Il continue et dit les litanies de saint Hierôme avec l'oraison : *Quæsumus te beate pater Hieronime, etc.*, lesquelles estans achevées, la sœur reçeüe ira embrasser toutes les autres, disant : *Ma sœur, la paix soit avec vous*, pendant qu'en action de graces on dit le *Te Deum laudamus.*

tues d'un sac pareil à celui des hommes et, dans certaines circonstances, rabattaient comme eux le capuchon sur la figure. Nous avons dit que M. du Mirat les dénonçait tous, confrères et confréresses, comme des gens suspects « sous leurs masques. » L'uniforme a pu se modifier plus tard, mais il est à croire qu'aucun changement n'a été apporté au cours du XVIIIe siècle.

Nous verrons bientôt, que lors de sa reconstitution en 1807, la confrérie des pénitents bleus admit des femmes dans ses rangs.

La ville de Tulle ne fut pas seule, en Bas-Limousin, à avoir des associations mixtes. A Laguenne, la confrérie des pénitents blancs comprenait des hommes et des femmes. Les pénitents n'existent plus depuis plusieurs années ; mais quelques vieilles femmes, fidèles à leur règle, revêtent encore, dans les processions et les enterrements, un long voile blanc couvrant leur coiffure et leur robe, et portent une petite croix d'environ soixante centimètres de longueur, en bois léger peint en blanc, sur laquelle se détache un Christ de couleur bleue. C'est le débris de la confrérie des pénitentes de Laguenne.

A Donzenac, l'association des hommes a perdu ses derniers membres en 1890 ; les pénitentes blanches, au contraire, constituent encore une confrérie florissante, comptant de soixante-dix à quatre-vingts agrégées. Les pénitents de Donzenac ont été institués en 1670. D'après la bulle d'érection, les fidèles de l'un et de l'autre sexe étaient admis à s'enrôler dans la compagnie. Les premiers registres contiennent les noms des confrères et des confréresses inscrits aux dates de réception, sans aucune distinction entre les hommes et les femmes. Ces dernières, qui revêtaient dans les cérémonies le même sac blanc que les hommes, ne portent, depuis une quinzaine d'années, qu'un grand voile attaché à la coiffe et un cordon blanc passé autour des reins.

Le conseil des pénitentes grises, de Tulle, composé d'une supérieure et de trois *syndiques*, avait, comme principale attribution, la surveillance des confréresses au point de vue de la tenue et de l'observation des statuts ; ses fonctions administratives étaient réduites à l'encaissement des droits de réception et des devoirs, à l'entretien de la lingerie et à la distribution des cierges. Le règlement de toutes les affaires de la communauté était de la compétence des officiers majeurs, prieur, sous-prieur, syndics et conseillers, qui formaient en réalité l'unique conseil de la confrérie, aussi bien des femmes que des hommes. Il n'était pas tenu par les confréresses de registre des délibérations, puisque leur assemblée générale, pas plus que leur conseil, ne pouvait prendre de décisions. Elles devaient avoir, toutefois, un catalogue, ou liste des agrégées, permettant aux syndiques de s'assurer de leur exactitude aux réunions et de percevoir les cotisations annuelles ; elles devaient avoir, en outre, un registre des réceptions distinct de celui des hommes qui ne contient aucun nom de femmes.

N'est-il pas étonnant qu'il ne soit resté, dans les archives de la confrérie, pour toute la période antérieure à la Révolution, aucune trace de l'élément féminin ? L'inventaire de 1680 ne mentionne pas un seul registre, un seul cahier pouvant faire supposer l'existence d'un groupe de femmes. Le registre, que nous avons dépouillé et qui relate toutes les réceptions des pénitents et tous les incidents de la vie de la communauté pendant plus d'un siècle, ne contient ni l'admission d'une femme ni une décision relative aux confréresses. Peut-être les pénitents ne considéraient-ils le groupe des femmes que comme une sorte de tiers-ordre, restant sous leur dépendance, ayant surtout pour raison d'être de leur rapporter quelque argent et de contribuer à la pompe de leurs cérémonies. Il faut reconnaître que les statuts et les règles du Rituel de 1654 ne se prêtaient pas à une pareille interprétation. Mais encore aurait-il fallu, dans l'intérêt de la confrérie, établir sur son registre un procès-verbal d'admission des femmes et tenir compte du versement de leur taxe de réception et de leur devoir annuel.

Nous allons trouver, pour la période du XIXe siècle, des écritures plus complètes, un catalogue spécial pour les femmes, leurs réceptions consignées sur le même registre que les réceptions des hommes, et même quelques délibérations prises à leur sujet par le conseil de la compagnie.

Les pénitents profitèrent du premier mouvement de réaction pour se reconstituer. En Limousin, l'exemple fut donné par les confréries de Limoges [(1)]. Le gouvernement impérial n'était pas opposé en principe à l'élan religieux qui se manifestait partout en France ; mais il tenait à le diriger à son gré, à le faire tourner au profit du nouveau régime. En mettant les congrégations sous la surveillance des préfets et en se réservant la faculté d'en tolérer l'existence ou de les supprimer, il les gardait à sa discrétion, n'avait rien à redouter d'elles.

Les prieurs des confréries de Limoges ayant demandé l'autorisation de pratiquer publiquement leurs exercices religieux, le ministre des cultes

---

(1) Les six anciennes confréries de pénitents de Limoges étaient reconstituées dès 1804. (M. Louis Guibert, *Les Confréries de pénitents en France et notamment dans le diocèse de Limoges*, p. 173).

envoya, le 20 août 1806, à l'évêque des instructions sur la règle de conduite qu'ils devaient observer à l'égard de ces associations. Les confréries de pénitents, écrivait-il, ne peuvent être assimilées aux autres congrégations ; elles ne sont que « des réunions accidentelles et libres de citoyens de toutes les professions qui, sans cesser de se livrer à leurs travaux et à leur commerce, s'unissent d'intention dans leurs prières et leurs bonnes œuvres. » L'Etat, ajoutait-il, ne veut pas leur donner une consistance qu'elles ne sauraient avoir. Elles seront tolérées tant qu'elles ne blesseront ni la religion ni les lois ; mais elles resteront sous la surveillance de l'évêque pour le spirituel, et du préfet pour le civil ; l'un et l'autre pourront en limiter ou en suspendre les exercices [1].

Depuis la suppression de l'évêché de Tulle, le département de la Corrèze dépendait du diocèse de Limoges, et Mgr du Bourg occupait le siège épiscopal. Pour répondre aux instructions du gouvernement, ce prélat par un mandement du 17 mars 1807, mit sous la juridiction immédiate des curés et desservants les confréries établies dans leurs églises ou chapelles ; s'inspirant, en outre, des ordonnances de ses prédécesseurs et des anciens statuts, il établit un règlement uniforme en trente-trois articles pour toutes les confréries de pénitents de son diocèse.

Ce règlement qui allait devenir la charte des pénitents bleus de Tulle, mérite, malgré sa longueur, d'être intégralement reproduit.

Article 1er. — Les confrairies ne devant avoir d'autres fins

---

(1) La lettre du ministre des cultes est transcrite sur le dernier registre de la Confrérie des pénitents bleus qui nous a été obligeamment communiqué par Mgr Mary, ancien curé de Notre-Dame de Tulle et ancien prieur ecclésiastique de la confrérie.

que la gloire de Dieu, l'honneur de ses saints et les progrès que les fidèles peuvent faire dans la piété chrétienne, sous la protection de la très-sainte Vierge ou d'un patron particulier, les membres de ces Sociétés, quelque dénomination qu'elles portent, de pénitents ou autres, doivent se distinguer par une tendre dévotion envers Marie et envers leur saint particulier, et surtout par une singulière fidélité à imiter leurs vertus, persuadés qu'ils n'avoueront pas pour leurs fidèles et véritables dévôts ceux en qui ils ne trouveraient pas quelque trait de ressemblance avec eux, encore moins ceux que Jésus-Christ lui-même n'aurait pas reconnus pour ses fidèles disciples.

Art. 2. — Obligé, par leur association à une confrairie quelconque, de remplir avec plus d'exactitude les devoirs de la religion, et de mener une vie plus édifiante que le commun des chrétiens, si quelqu'un se conduisait d'une manière déréglée et scandaleuse il sera averti deux fois avec charité par les officiers majeurs ; et s'il devient incorrigible, il sera exclu de la compagnie ou de la confrairie comme la déshonorant.

Art. 3. — Ils se réuniront chaque année, pour faire une retraite, de trois jours au moins, dans la semaine du carême, qui leur sera indiquée par le curé ou desservant de l'Eglise où la confrairie sera établie, pour se préparer par de pieuses lectures et autres saintes pratiques et la confession annuelle. Les curés et desservants en prescriront la forme ; ils expliqueront dans des instructions familières, les conditions nécessaires pour faire une bonne confession. Ces instructions se feront en forme de conférence. On prendra pour les exercices de cette retraite les heures les plus commodes du matin et du soir pour ne pas trop détourner les ouvriers de leur travail.

Art. 4. — Ils seront assidus autant qu'il se pourra à fréquenter les sacrements, non seulement le jour de la fête du principal patron de la compagnie ou de la confrairie, mais encore aux principales fêtes de l'année. Aucun confrère ne pourra être promu aux charges s'il ne donne pas en cela le bon exemple.

Art. 5. — Tous les associés à une même confraternité, pour ne pas démentir le nom de confrère, n'auront qu'un même cœur et un même esprit, vivant comme les premiers chrétiens dans la plus parfaite union et charité.

Art. 6. — Les membres tant des compagnies de pénitents que des confrairies seront soumis en tout à MM. les curés ou desservants des églises où ces compagnies ou confrairies seront établies. Lesdits curés ou desservants pourront assister à leurs assemblées quand bon leur semblera. Quand ils s'y trouveront, ils les présideront, et, dans le partage des suffrages lors des délibérations, ils auront la pondérante, en sorte que leur voix sera la majeure.

Art. 7. — Pour éviter le tumulte et la confusion, trop ordinaires dans les assemblées générales délibérantes, les seuls officiers majeurs composeront le Conseil de chaque compagnie ou confrairie. Chacun y dira son avis avec simplicité. Le président otera la parole à celui ou à ceux qui s'écarteraient de la décence ou de la modération convenables; et, après une mûre délibération, les affaires y seront décidées à la pluralité des suffrages. Le président y aura la pondérante. Les arrêtés du Conseil seront inscrits sur le registre et signés par les membres qui auront composé l'assemblée.

En cas de contestation, ces arrêtés seront exécutés provisoirement jusqu'à ce que la contestation aura été décidée par l'autorité compétente.

En l'absence du curé ou du desservant, les assemblées du conseil seront présidées par le prieur ou par celui qui aura rang après lui, s'il est aussi absent, dans l'ordre hiérarchique de la compagnie ou de la confrairie.

Art. 8. — Des assemblées particulières seront convoquées par l'ordre du curé ou du desservant, et, en leur absence, par celui du prieur ou de son représentant, sur la demande des membres du Conseil, et le courrier ou domestique de la compagnie ou de la confrairie sera obligé d'avertir tous les membres de ce Conseil toutes les fois que le président le lui ordonnera, sous peine d'être renvoyé comme désobéissant. On aura soin de tenir ces assemblées portes fermées ; de n'y admettre aucun externe, même confrère ; de faire retirer le courrier ou domestique, et de garder le plus rigoureux secret sur ce qui s'y sera passé. Le président désignera le lieu de l'assemblée ; et quand le curé ou desservant y assistera, il sera toujours en surplis ou en étole, lorsqu'elle aura lieu dans l'église, dans une tribune de l'église ou dans la sacristie.

Art. 9. — Dans le cas où une compagnie ou confrairie ira dans une autre église, soit en procession, soit pour assister à un enterrement, etc., si elle n'a pas son propre curé ou desservant à sa tête, elle sera, tout ce temps là, sous la direction du curé ou du desservant de cette église, qui aura sur elle la même autorité que celui de l'église dans laquelle elle est établie, jusqu'à ce qu'elle sera sortie de l'autre. Ce droit de présidence dans les églises étant réciproque, le curé ou desservant de l'église où la compagnie ou confrairie se sera rendue en procession, ne fera aucune difficulté de le laisser exercer sur elle par celui des autres curés ou desservants qui se trouvera à sa tête ; et il ne pourra l'exercer lui-même sur cette compagnie ou confrairie que dans le cas où elle se rendrait dans son église seule et sans son propre curé ou desservant.

Et dans le cas où celui-ci aurait permis à un autre prêtre, membre de la compagnie ou confrairie, de le remplacer, ou qu'il lui aurait cédé l'honneur de porter l'étole à la suite de la procession, le curé ou desservant l'église où elle se rendra lui cédera aussi, par honnêteté, la présidence pendant tout le temps qu'elle sera dans son église.

Art. 10. — Le président soit des assemblées soit des processions, ecclésiastique ou laïque, sera responsable envers nous de tous les troubles, etc. qui pourraient s'élever dans la compagnie ou la confrairie pendant le temps de sa présidence, et il sera tenu de nous en rendre compte sans délai pour que nous puissions prendre les mesures convenables pour les faire cesser.

Art. 11. — Ceux qui voudront être reçus dans une compagnie ou confrairie s'adresseront d'abord au curé ou au desservant, en son absence au prieur qui assemblera le conseil, lequel prendra les renseignements convenables sur les bonnes vie et mœurs du récipiendaire. On ne pourra admettre personne d'une autre manière, sous quelque prétexte que ce soit.

Art. 12. — Après que le conseil aura jugé le récipiendaire digne d'être reçu, il payera, si c'est l'usage, au trésorier de la compagnie ou de la confrairie, avant sa réception, le droit d'entrée sans préjudice de sa contribution annuelle aux dépenses de la compagnie ou de la confrairie. Il sera aussi tenu, avant d'être reçu, de présenter un billet de confession.

Ceux des confrères qui auront manqué de payer une année, ne recevront pas de cierge l'année suivante qu'ils n'ayent préalablement payé les deux années ; et de même pour les autres qu'on aurait laissé arrérager ; à moins que, pour de bonnes raisons, comme pour services importants rendus à la compagnie ou à la confrairie, ou en cas de pauvreté reconnue, etc, le conseil assemblé ne juge à propos d'en dispenser, en tout ou en partie, par une délibération expresse, couchée sur le registre et signée de tous les membres présents.

Art. 13. — Le lendemain de la principale fête patronale de chaque compagnie ou confrairie, on tiendra une assemblée générale où l'on procèdera par la voie du scrutin et à la pluralité des suffrages, à l'élection d'un prieur, d'un sous-prieur et d'un assistant qui seront les chefs de l'association ; d'un trésorier, d'un substitut du trésorier et de quatre couseillers, lesquels, avec les précédents et le curé ou desservant, formeront son conseil, exclusivement à tous autres. Après ces élections, l'assemblée générale sera dissoute et on ne pourra s'y occuper d'aucune autre affaire.

Ensuite le conseil seul, ou le même jour ou le lendemain suivant, nommera quatre visiteurs des malades, un ou deux maîtres des cérémonies, deux ou quatre sacristains, quatre zélateurs ou préfets de modestie, chargés de maintenir le bon ordre parmi les confrères, soit pendant leurs offices, soit aux processions, et quatre ou six choristes.

Les comptes du trésorier sortant de charge seront rendus en présence du curé ou du desservant et des nouveaux membres du conseil seulement qui les alloueront s'ils sont la règle.

Tous ceux qui seront élus ou nommés aux charges et places susdites, seront tenus de les accepter et de les exercer pendant l'année de leur élection ou nomination s'ils n'en sont dispensés par le conseil pour de bonnes raisons préalablement exposées et jugées telles.

Art. 14. — Le lendemain de la même fête, si l'on fait célébrer un service général pour le repos des âmes des confrères décédés dans l'année, tous les membres de la compagnie ou confrairie y assisteront s'ils le peuvent commodément.

Art. 15. — Ils assisteront de même aux enterrements des confrères décédés, et on fera célébrer pour eux un service le plus tôt possible aux frais de la Société ; le tout en se conformant aux dispositions de l'article IX.

Art. 16. — On ne sera obligé à rien envers le défunt, s'il y a un an qu'il ne contribue pas aux dépenses de l'association. Dans ce cas on ne lui fera pas faire de service, sauf les exceptions portées par l'article XII, ou à moins que sa famille n'en fasse les frais et ne dédommage la compagnie ou la confrairie des années de la contribution du défunt qu'elle n'aura pas perçues.

Art. 17. — Afin qu'il n'y ait aucune discussion pour le payement des honoraires du clergé, soit aux fêtes particulières soit aux enterrements et services des confrères, on se conformera au tarif des honoraires des fonctions ecclésiastiques actuellement en vigueur dans le diocèse ou à celui que nous jugerions à propos de lui substituer dans la suite. Il en sera de même pour les droits des fabriques, et on se conformera aussi au tarif fait ou à faire pour cela.

Art. 18. — Dans le cas où une compagnie de pénitents ou autre confrairie assistera à un enterrement, elle observera qu'il ne lui est permis de faire aucune quête dans l'église ; qu'elle ne doit entourer le corps d'aucun luminaire ni en placer à l'autel, à moins que ce ne soit dans le cas où la Mairie, qui doit fixer elle-même les classes des enterrements, n'ait déclaré par écrit que le défunt doit être enterré gratis, parce qu'il n'appartient plus à d'autres qu'aux fabriques de fournir le luminaire pour les inhumations et pour les services qui se font pour les défunts, après lesquels il appartient de droit au clergé comme oblation ; à moins encore que ce ne soit des services faits aux frais de la compagnie ou de la confrairie, dans lequel cas le clergé renonce à percevoir le luminaire.

Ainsi, dans ces cérémonies, tous les confrères se tiendront à leur rang, et il ne sera permis à aucun de sortir de l'église pendant la cérémonie sous peine d'une amende à fixer par le conseil et applicable aux pauvres de la compagnie ou de la confrairie. On observera enfin de ne rien ajouter à l'office qui doit être fait exclusivement par des ecclésiastiques, une fois que cet office et la cérémonie seront commencés.

Art. 19. — Quand un confrère sera malade, les visiteurs iront le visiter et l'exhorteront à se disposer à la réception des sacrements dès qu'ils apercevront quelque danger. S'il s'y refuse obstinément, on ne le regardera plus comme confrère ; on n'assistera pas à son enterrement, et, pendant sa maladie, on ne lui donnera aucun secours de la caisse de charité de la Société, jusqu'à ce qu'il ait fait appeler son confesseur.

Si la maladie a été trop rapide, lorsqu'elle aura duré deux ou trois jours, si lui ou sa famille n'a pas fait appeler un prêtre, la compagnie ou la confrairie n'assistera pas à son enterrement parce qu'elle ne devra pas le regarder comme un de ses membres.

Art. 20. — Quinze jours avant la nomination des officiers, il y aura assemblée particulière du conseil de la compagnie ou confrairie dans laquelle on lira la liste de tous les confrères. On fera les observations nécessaires sur l'assiduité de chacun à assister aux offices, à fréquenter les sacrements, etc. On dressera une liste de ceux qui auront été irréprochables ; et sur eux seuls porteront les suffrages d'élection. On n'admettra pas à être officiers ceux qui ne fréquenteront pas la compagnie ou confrairie ou qui auront mené, durant l'année, une vie scandaleuse et qui auront manqué de satisfaire au devoir pascal.

Art. 21. — Pour éviter bien des abus, les compagnies de pénitens et autres confrairies se rendront aux processions générales avec le clergé de la paroisse où elles sont établies. Chaque confrère recevra une carte avec le chiffre de la compagnie ou confrairie, et son nom au bas. Cette carte lui sera délivrée par le trésorier ; les maîtres des cérémonies ou sacristains distribueront des cierges à ceux-là seulement qui présenteront la carte de payement. Le sacristain distributeur la gardera pour répondre du cierge qu'il aura délivré, et cette carte sera déchirée à la remise du cierge.

Art. 22. — Aucun confrère ne pourra s'éloigner de sa compagnie ou confrairie jusqu'à ce qu'elle soit rentrée à l'église, sans prévenir le maître des cérémonies qui lui permettra de se retirer s'il a de bonnes raisons pour le faire.

Art. 23. — Il ne sera permis à aucune compagnie ou confrairie d'aller demander à recevoir la bénédiction du St-Sacrement dans une église où il sera ou aura été exposé dans la journée. C'est un abus contraire à la Rubrique et au Rituel du diocèse qui défendent expressement de donner plus de deux fois la bénédiction dans la même église en un même jour.

Art. 24. — Tout confrère qui se présenterait à une procession en état d'ivresse, ne recevra pas de cierge et sera renvoyé pour cette fois.

Art. 25. — On n'admettra aux processions aucun enfant qui aurait besoin d'être conduit par la main. Les enfants doivent être placés devant une personne raisonnable qui les conduise et les fasse tenir modestement et tranquillement ; ils ne doivent jamais être réunis.

Art. 26. — On observera pendant les processions la plus exacte retenue et modestie. Les maîtres des cérémonies sont charger de faire retirer ceux des confrères qui y assisteraient avec un air de dissipation et qui s'amuseraient à saluer les uns et les autres, à moins qu'ils ne cessent de le faire. Si les maîtres des cérémonies ne remplissent pas leur charge comme il convient, M. le curé ou le desservant sera obligé de le leur représenter ; et s'ils ne lui donnent pas satisfaction, il pourra les interdire jusqu'à ce que nous aurons jugé le différend.

Art. 27. — Toutes les processions devront être rentrées dans leurs églises respectives avant le coucher du soleil, même le Jeudi-Saint, sous peine d'interdit; et en cela nous ne faisons que renouveler les ordonnances de nos prédécesseurs. Pour l'exacte observation de cet article nous enjoignons à MM. les curés et desservans de faire fermer leurs églises, surtout le jour du Jeudi-Saint, au plus tard à sept heures du soir.

Art. 28. — Mrs. les curés et desservants fixeront les heures pour les offices de chaque compagnie ou confrairie, avec liberté de les suspendre ou changer selon les circonstances qu'on ne peut pas prévoir. Il ne pourra être fait aucun office sans leur permission.

Art. 29. — Il est défendu de faire dans les églises aucune assemblée bruyante, comme pour mettre la croix aux enchères, etc. Cela peut se faire par billets. Défendu aussi de crier les états, si ce n'est hors de l'église.

Art. 30. — Lorsque le St-Sacrement sera exposé dans l'église où une compagnie ou confrairie est établie, elle sera requise par M. le curé ou desservant à fournir deux de ses membres pour se tenir en adoration pendant tout le temps que durera l'exposition ; ils se relèveront de demi-heure en demi-heure.

S'il y a plusieurs compagnies ou confrairies établies dans la même église, elles seront requises alternativement pour ce que dessus.

Art. 31. — Deux des choristes seront pris parmis les jeunes confrères, pour qu'ils apprennent et perpétuent de la sorte le chant particulier à la compagnie ou à la confrairie. Ils seront aussi invités à apprendre le plain-chant de l'église ; et deux de ceux qui le sauront le mieux seront admis au lutrin de la paroisse par le curé ou desservant, et même s'ils le jugent à propos, ils pourront y paraître revêtus de leurs sacs.

Art. 32. — Comme les pénitents et les membres des autres confrairies ne cessent pas, par leur agrégation à ces pieuses sociétés, d'être paroissiens, leur obligation d'assister aux offices et surtout à la grand-messe de leur paroisse reste la même que celle des autres fidèles, et leur assistance aux offices particuliers de leur compagnie ou confrairie ne les en dispense pas. Ils tacheront donc de la remplir le plus exactement qu'il leur sera possible.

Art. 33. — Copie imprimée du présent règlement sera délivrée à chacune des compagnies de pénitents et autres confrairies, qui seront tenues de le faire transcrire respectivement sur leurs registres, pour qu'aucun des confrères n'en prétende cause d'ignorance ; et il en sera fait lecture publique deux fois l'année, dans l'assemblée générale des confrères, aux jours qui seront indiqués par M. le curé ou desservant.

Ceux des confrères existant actuellement, qui auraient de la répugnance à s'y soumettre, pourront se retirer.

Soumis au préfet de la Corrèze, ce règlement

fut approuvé et complété par quelques prescriptions de police contenues en l'arrêté suivant qui qui porte la date du 8 mai 1807.

Le Général de Division, Préfet de la Corrèze,

Vu la lettre écrite le 20 août 1806 par son Excellence le Ministre des Cultes à Mgr l'Evêque de Limoges.....

Vu le mandement de Mgr l'Evêque de Limoges du 17 mars 1807, portant le règlement pour les compagnies de pénitens et autres confrairies de son diocèse ;

Considérant que si les confrairies et les compagnies de pénitens peuvent exciter la classe du peuple, qu'on a besoin d'attirer par des signes extérieurs, à mettre dans l'exercice des pratiques de la religion plus de régularité et de ferveur, et la disposer par là à remplir ses obligations civiles avec plus de zèle et de scrupule, l'administration doit prévoir les abus qui pourraient résulter de ces associations si elles n'étaient pas surveillées et y pourvoir.

Que s'il convient d'accorder aux membres des compagnies de pénitents la faculté d'assister aux processions et autres cérémonies extérieures de la religion, avec des aubes ou sacs, la police seule doit veiller à ce que cette faculté s'exerce d'une manière qui ne blesse ni la décence publique ni les règles d'une bonne police ; enfin qu'il convient de charger les Maires des communes dans lesquelles il pourrait s'organiser des confrairies ou des compagnies de pénitents, de la surveillance spéciale de ces associations, et de leur donner l'initiative des mesures à prendre contre la compagnie entière dans les cas prévus.

Arrête, sans préjudice des observations que pourraient motiver les dispositions de certains articles du mandement de Mgr l'évêque,

Article premier. — Les confrairies et compagnies de pénitents sont provisoirement autorisées dans le département de la Corrèze, à la charge par les membres de ces associations de se conformer pour leur police extérieure à ce qui va être prescrit.

Art. 2. — Il sera fourni au maire de la commune dans laquelle il s'organisera des compagnies de pénitents une liste nominative des membres qui la composent ; cette liste sera complétée et rectifiée chaque année par l'envoi que le prieur sera tenu de faire au maire de la commune, immédiatement après la tenue de l'assemblée générale de la compagnie, d'une note indicative des individus qui ont cessé d'en faire partie et de ceux qui y ont été admis depuis la dernière assemblée.

Art. 3. — Les membres des confrairies ou compagnies de pénitents pourront assister aux processions et autres cérémonies extérieures de religion, revêtus d'aubes ou sacs adoptés par la compagnie. Ces sacs pourront être terminés par des capuchons, mais faits de telle sorte que la figure de la personne qui les portera reste entièrement à découvert, c'est-à-dire dans la forme adoptée par Messieurs les chanoines pour le camail qu'ils portent pendant l'hiver. Les maires sont spécialement chargés de faire arrêter sur le champ et traduire devant le tribunal de simple police le membre d'une confrairie ou compagnie de pénitents qui assisterait à une procession ou toute cérémonie, revêtu d'un sac dont le chaperon serait taillé de manière à pouvoir se rabattre sur sa figure.

Art. 4. — Il en usera de même à l'égard de tout individu qui après le coucher du soleil se montrerait dans les rues revêtu d'un sac de pénitent.

Art. 5. — Si la compagnie entière, ou un grand nombre de ses membres enfraignent les dispositions de l'article précédent, le maire, indépendamment des poursuites ordonnées, notifiera sur le champ au curé ou desservant de la commune, que la compagnie des pénitents doit s'abstenir de tout acte extérieur ; il fera la même notification au prieur de cette compagnie et il nous rendra compte des faits pour être définitivement statué.

Art. 6. — Toute réunion de pénitents qui aurait lieu après les notifications portées en l'article précédent, sera considérée comme attroupement et dénoncée comme tel aux tribunaux compétents.

Art. 7. — Expédition du présent arrêté sera transmise aux curés ou desservants et aux maires des communes dans lesquelles on voudrait organiser des confrairies ou compagnies de pénitents, organisation qui ne pourra avoir lieu qu'après une demande spéciale adressée au Maire et sur le consentement que nous y aurons donné d'après la communication qui nous sera faite de cette demande. Le Maire s'assurera que le présent règlement a été littéralement transcrit sur le registre de chaque confrairie ou compagnie de pénitents.

Signé : MILET-MUREAU.

Les pénitents blancs, dont la chapelle était restée intacte, s'empressèrent de se mettre en règle et remplirent, dès le 28 mai 1807, les formalités nécessaires. Mais la situation était plus difficile pour les pénitents bleus. Leur chapelle du Puy-Saint-Clair avait été dévastée pendant la Révolution ; les pans de murs qui en restaient debout, menaçaient ruines. Où pourraient-ils tenir leurs assemblées et célébrer leurs offices ? Ils s'occupèrent tout d'abord de trouver un asile.

Non loin du cimetière, dans les bâtiments de l'ancien couvent de la Visitation, l'hôpital s'était installé ; les locaux étaient plus que suffisants, la chapelle vaste et en bon état. On pouvait, sans aucune gène, y recevoir les pénitents. Pourvus du consentement de la commission administrative, plusieurs membres notables de la confrérie demandèrent au maire l'autorisation de se reconstituer et de se réunir dans la chapelle de l'hôpital. Voici l'arrêté qui accueillit leur requête :

Vue la pétition signée Pauquinot, Sudour, Guirande, Duchier, Darcambal et Dumond, tendante à autoriser la compagnie des pénitents bleus à se réunir dans la chapelle de l'hospice pour y célébrer les offices et prières accoutumées, et à placer les objets mobiliers à elle nécessaires dans le ci-devant parloir de ladite maison,

Vu aussi l'avis de la commission administrative de l'hospice,

Considérant que la réunion de cette société ne présente rien de contraire aux lois, qu'elle peut même être utile à la décoration du culte,

Considérant que dans ce moment sa réunion dans le chœur et le dépôt de ses effets dans le ci-devant parloir ne peut aucunement préjudicier à l'hospice,

Le maire de Tulle arrête :

1° Qu'il est permis à la Société des Pénitents bleus de se réunir dans le chœur bas de la chapelle de l'hospice et d'assister même aux cérémonies religieuses sous leurs sacs, mais sans être voilés, toutes les fois qu'ils y seront invités par le curé de la paroisse de Notre-Dame ;

2° De se servir du ci-devant parloir de ladite maison pour en faire le dépôt de leur mobilier ou effets.

3° La permission portée aux articles précédents n'est accordée que provisoirement et jusqu'à ce que des arrangements ultérieurs donneront une autre destination à ces bâtiments.

4° La présente autorisation n'est donnée qu'à la charge par les confrères de se conformer aux lois sur le culte, aux règlements de police et notamment à l'arrêté de M. le général préfet du 8 mai 1807.

5° Le présent arrêté ne recevra son exécution qu'après avoir été approuvé par M. le général préfet.

A la Mairie de Tulle, le 29 mai 1809.

Signé au registre : LUDIÈRE, maire.

Le préfet Milet-Mureau approuva, le jour même, l'arrêté du maire de Tulle. Reconnue par l'administration, autorisée à tenir provisoirement ses séances dans le bas-chœur de la chapelle de l'hôpital, soumise au règlement de 1807, la confrérie des pénitents bleus n'avait plus qu'à constituer son Conseil.

Elle procéda aux élections, en assemblée générale, le 23 juillet 1809. Furent nommés :

Prieur ecclésiastique, l'abbé Bardoulas de la Salvanie ;

Prieur laïque, M. Lacoste, avocat ;
Sous-prieur, M. Marc Galan ;
Adjoint, M. Alexandre Pasquet, géomètre ;
Syndics, MM. Noël Gouttes et Baptiste Guirande, le premier remplissant les fonctions de trésorier.

Dès cette réunion, les confrères éprouvèrent le besoin de sortir au plus tôt de l'installation provisoire à laquelle ils étaient réduits dans les bâtiments de l'hospice. Les anciens regrettaient leur chapelle du Puy-Saint-Clair, bâtie et décorée par la confrérie, leur salle de réunion, leur tribune où ils étaient bien chez eux et se sentaient indépendants. Pour tous, il y avait une sorte d'amoindrissement à recevoir l'hospitalité, alors surtout qu'avant la Révolution la compagnie était propriétaire de sa chapelle et des terrains qui l'entouraient. Dans l'élan des premiers jours, dans la ferveur nouvelle de la reconstitution, il devait être facile de se procurer des ressources pour acheter un emplacement et construire un oratoire ; la confrérie commençait à être nombreuse et ne manquait pas d'adhérents riches et généreux. Aussi n'est-on pas surpris de lire, dans le procès-verbal de la première assemblée générale, qu'après l'élection du Conseil, les membres de la confrérie « ont témoigné le désir de vouloir faire l'acquisition des masures et emplacement de la ci-devant chapelle des pénitents bleus et, en conséquence, ont invité Messieurs les prieurs et syndics d'en faire l'acquisition. »

La confrérie ne se trompait pas en comptant sur la générosité de ses membres. M. Marc Galan, qui venait d'être élu sous-prieur, fit, en effet, l'avance des fonds nécessaires pour l'acquisition des ruines de la chapelle du Puy-Saint-Clair, et il semble résulter de plusieurs délibérations qu'il abandonna à la caisse commune les sommes dépensées dans ce but.

Entrepris sans retard, sous la direction des syndics, les travaux de construction ne purent être menés rapidement ; les ressources étaient épuisées et la confrérie n'osait pas contracter un emprunt.

En 1815, la chapelle était enfin couverte, et le 3 décembre, pour la première fois, les pénitents purent y faire leur assemblée générale. Mais l'autel n'était pas construit ; il n'y avait ni mobilier ni ornements ; les confrères étaient encore obligés de célébrer leurs offices dans la chapelle de l'hôpital.

Un grand effort fut fait alors pour l'achèvement rapide des travaux et l'acquisition des objets indispensables à l'exercice du culte. Le 22 juillet 1816, l'assemblée autorisa les syndics à contracter un emprunt de 800 francs.

Aux premiers jours du mois d'octobre de cette même année, l'église du Puy-Saint-Clair, dans ses parties essentielles tout au moins, était assez avancée pour pouvoir être bénite et ouverte aux fidèles. L'abbé Brival, vicaire général, qui présida cette cérémonie, en rédigea le procès-verbal que nous reproduisons :

Nous soussigné Pierre-Joseph Brival, curé de Notre-Dame de la ville de Tulle et vicaire général de Mgr l'Evêque de Limoges, ayant reçu MM. Guirande 3me du nom, syndic de la compagnie de MM. les pénitents bleus, et Lespinat aîné, leur trésorier, députés de ladite compagnie, pour nous représenter que, parvenus à faire construire une nouvelle chapelle sur les fondements de celle que la fureur révolutionnaire avait détruite de fond en comble, ils nous priaient de vouloir en faire la bénédiction pour pouvoir y célébrer la solennité de St Jérôme, leur glorieux patron ; après avoir donné de justes éloges à l'activité du zèle de ces messieurs et leur avoir témoigné la satisfaction que nous aurions de nous prêter à leurs désirs, nous fixames au samedi suivant, cinquième jour d'octobre, la cérémonie de cette bénédiction, à neuf heures du matin, en les prévenant de faire les invitations convenables pour donner à cette pieuse cérémonie la pompe et l'éclat qu'elle méritait.

Le jour et à l'heure indiquée les deux compagnies se rendirent processionnellement dans notre église paroissialle où était réuni le clergé de la paroisse. Nous implorâmes les lumières de l'Esprit Saint en chantant l'hymne *Veni Creator*, et nous nous rendimes processionnellement à la chapelle de l'hospice où était déposée l'image de la Très Ste Vierge vénérée dans l'ancienne chapelle de MM. les pénitents bleus sous la dénomination de Notre Dame du Puy, et deux reliquaires que Madame la Supérieure de l'hospice avait eu la complaisance de leur céder pour la décoration de leur nouvelle chapelle. Après avoir encensé l'image de la Ste Vierge, placée dans un brancard richement décoré,et les saintes reliques, la procession se rendit à la porte de la nouvelle chapelle où se trouva M. Sage, curé de la paroisse de Saint-Pierre, avec sa croix, et M. son vicaire. Après avoir béni les murs extérieurs de ladite chapelle, selon les règles et les cérémonies prescrites et marquées dans le Rituel du diocèse, nous entrâmes dans la chapelle dont nous bénîmes les murs intérieurs. La bénédiction étant finie, on chanta solennellement la messe qui fut célébrée par M. l'abbé de La Salvanie, ancien chanoine du chapitre de Tulle, chanoine honoraire de l'église de Limoges et prieur ecclésiastique de la Compagnie de MM. les pénitents bleus. Après la messe, nous entonnâmes le *Te Deum* en actions de grâce et nous nous rendîmes processionnellement à notre église paroissiale.

De tout quoi nous avons dressé procès-verbal, signé de nous et de quelques uns des ecclésiastiques présents à la cérémonie, et de MM. les officiers de la compagnie de MM. les pénitents bleus.....

Fait à Tulle ; le 5 octobre 1816.

L'église était enfin livrée au culte. Grâce aux

dons, aux quêtes et aux souscriptions des confrères, elle fut peu à peu pourvue de tout le nécessaire, complétée et ornée. Dans une délibération du 6 juillet 1819, la compagnie accepta l'offre qui lui était faite par le chevalier de Lauthonie de Chaunac, de payer les dépenses de restauration de la chapelle dédiée à sainte Madeleine, attenante à la sacristie ; et pour témoigner sa reconnaissance, elle décida que les armes de la famille de Lauthonie seraient peintes dans l'intérieur et sur les murs de ladite chapelle. Elle se souvint, en même temps, du don généreux que lui avait fait son ancien prieur, M. Galan, lorsqu'il s'était agi de racheter le terrain du Puy-Saint-Clair, et voulut montrer sa gratitude en affectant à son usage la chapelle de Notre-Dame-du-Puy, dans laquelle il pourrait placer un banc portant son chiffre gravé.

En assurant ainsi la mémoire de ses bienfaiteurs, la confrérie savait qu'elle déciderait plus d'un citoyen à suivre leur exemple ; un peu de vanité se mêle assez souvent aux intentions les meilleures. Le 6 janvier 1821, elle commande quatre médaillons aux chiffres de MM. Galan, l'abbé de la Salvanie, Floucaud et Saint-Priest de Saint-Mür qui sont les véritables fondateurs de la chapelle et ont fait de grands sacrifices pour sa reconstruction ; ces médaillons seront « d'un goût assez distingué pour concourir à la décoration du sanctuaire, dans lequel ils seront suspendus, afin de perpétuer le souvenir de la gratitude de la confrérie envers ces Messieurs. »

Maintenant que nous avons épuisé les renseignements donnés sur la chapelle des pénitents bleus par le registre des délibérations, il nous faut revenir un peu en arrière pour parler de la confrérie.

Elle comprenait des hommes et des femmes comme aux siècles précédents. D'après l'usage et avec le cérémonial que nous a fait connaître le Rituel de 1654, la supérieure et les *syndiques* étaient élues par les confréresses ; mais les officiers de la compagnie dérogèrent à cette coutume. Dans leur réunion du 14 octobre 1810, ils désignèrent comme prieure Mme Pauquinot, née Estorges, comme sous-prieures Mlles Brunie et Galan, et leur adjoignirent six syndiques chargées de percevoir les droits de réception et les devoirs annuels de pénitentes, et de faire des quêtes pour l'entretien de la sacristie. Mme Pauquinot ayant donné sa démission de prieure, fut remplacée, le 22 octobre 1815, par Mme veuve Lagarde, née Gimel.

Un catalogue, spécial aux confréresses, fut tenu dès l'année 1809 ; il fut continué jusqu'en 1832 sur un registre qui n'a pas été conservé. Mais nous avons pu feuilleter le registre suivant où la liste des femmes associées se trouve établie par période de quatre, cinq ou six ans. Nous y avons relevé :

De 1833 à 1836, noms inscrits..	124,
De 1837 à 1841..............	115,
De 1842 à 1847..............	99,
De 1848 à 1853..............	90,
De 1854 à 1859..............	68.

Le nombre des confréresses allait ainsi en diminuant. Celles qui restaient inscrites payaient très inexactement leurs cotisations ; onze seulement acquittèrent le devoir annuel en 1854.

Le conseil voyait avec peine un pareil relâchement si préjudiciable aux intérêts de la confrérie. Aussi, prit-il, le 2 mai 1869, une délibération portant que « les femmes qui voudront se faire recevoir comme pénitentes, vu qu'elles ne rendent aucun service à la confrairie, seront tenues de payer, le jour de la réception, savoir : les femmes de confrères, la somme de trois francs, et les autres cinq francs, et leur devoir de chaque année, comme les confrères, deux francs par an. »

On voit, par les termes de cette décision, que les pénitents ne tenaient guère à la participation des femmes. Ils n'osaient les écarter franchement, parce que, depuis son origine, la confrérie leur avait été ouverte ; mais ils les avaient dépouillées du droit d'élire leur supérieure et leurs syndiques, et ils leur laissaient entendre maintenant qu'on ne les tolérait que pour toucher leurs cotisations.

A partir de 1860, le catalogue des confréresses ne fut pas tenu à jour. Le recrutement devint de plus en plus insignifiant ; nous avons pourtant relevé, en avril 1870, quatre réceptions de femmes.

Quelques incidents, de médiocre importance, agitèrent l'existence si calme de la compagnie, pendant la première moitié du XIXe siècle.

Les pénitents bleus avaient obtenu, à une époque reculée, le droit d'escorter les suppliciés et d'ensevelir leurs corps ; ils tenaient à ce privilège. Une exécution capitale devant avoir lieu à Tulle au mois d'octobre 1810, ils prièrent le maire de les autoriser à remplir, en cette circonstance, leur charitable fonction. Le maire accueillit favorablement leur requête. Mais les temps étaient changés, et les mœurs nouvelles s'offusquèrent de l'apparat lugubre dont les pénitents entourèrent le supplice. Des plaintes s'élevèrent, dont le maire se fit l'écho dans la lettre suivante qu'il adressa, le 16 novembre 1810, aux prieurs et autres officiers de la confrérie :

Il y a quinze ou vingt jours, Messieurs, qu'un d'entre vous

me représenta que l'enterrement des cadavres des personnes exécutées éprouvait des retards et des difficultés ; qu'il était facile de remédier à cet inconvénient si l'on permettait à la confrairie des pénitents bleus cet acte de charité ; on ajouta qu'autrefois ils en usaient de même.

Je ne dus voir dans cette demande rien de contraire à la décence et aux règlements de justice. Néanmoins en le permettant j'eus soin d'observer que, loin de donner de l'éclat à cet acte religieux, on devait le faire de la manière la plus tranquille, sans rassemblement et avec la modestie que commande ce genre de mort.

Je n'ai donc pas été peu étonné d'apprendre que cet enterrement avait été fait, je ne dirai pas avec éclat, mais bien avec un scandale qui mériterait des mesures sévères et contre les individus et contre la compagnie entière. Les personnes voilées que vous aviez détachées dans les différents quartiers se sont conduites de la manière la plus indécente ; et bien loin d'exercer un acte de charité, la compagnie a décuplé le supplice du condamné en l'accompagnant depuis la prison jusques sur l'échafaud où on avait eu le soin de mettre sous ses yeux la bière qui devait recevoir son cadavre. Je ne parle pas d'inscriptions qui ne sont pas moins sujettes à la censure ; mais pour en finir je révoque la permission que je vous avais donnée et je vous préviens que si, un jour d'exécution, il parait sur la rue un homme en habit de pénitent, je le ferai arrêter.

J'aime à croire qu'une grande partie des abus, que je viens de signaler, ont eu lieu sans votre participation personnelle ; mais vous pouviez les éviter.

J'ai l'honneur de vous saluer.

LUDIÈRE.

Il y avait eu, peut-être, quelques abus, mais le maire avait sans doute exagéré les choses. Les officiers de la confrérie ne voulurent pas rester sous le coup de pareilles accusations et répondirent par la lettre qui suit :

Tulle, le 18 novembre 1810.

Les prieur, sous-prieur, Conseillers et Syndics de la Confrérie des pénitents bleus,

A M. le Maire de la ville de Tulle.

M. le Maire,

La Compagnie des pénitens bleus, et encore moins ceux qui la dirigent, étaient bien éloignés de prévoir qu'ils s'attireraient vos reproches en se prêtant à un acte de charité qui, par son institution, avait mérité d'être approuvé autant par les magistrats que par les supérieurs ecclésiastiques.

Vous vous plaignez de ce que la Compagnie a donné trop d'éclat à la cérémonie funèbre qui eut lieu au sujet de l'enterrement du malheureux qui fut exécuté en notre ville le 15 de ce mois, et qu'en cela elle ne s'est pas conduite avec la modestie que vous souhaitiez. Mais que pouvait-elle faire de moins que ce qu'elle a fait? D'après les règlements et statuts anciens de la Compagnie, auxquels il n'a pas été dérogé par le mandement de Mgr l'évêque, statuts qui vous seront communiqués si vous l'exigez, c'était à M. le prieur ècclésiastique à faire l'enterrement du corps, précédé de la croix. Le syndic prêtre a fait cette fonction en remplacement de M. le prieur. Les membres de la compagnie ont récité aussi modestement qu'ils l'ont pu les prières prescrites pour ces sortes de cérémonies. La croix avait pour inscription le mot *Caritas*, parce que cette courte légende était sur l'ancienne croix de la compagnie qui servait aux enterrements des suppliciés. Il est vrai que quatre pénitens, poussés par un zèle que nous n'avons pas cru devoir blamer, ont accompagné le patient jusques à l'échafaud, voulant en cela imiter leurs confrères de la ville de Limoges qui sont dans cet usage.

Quant à la bière, au sujet de laquelle vous nous faites un reproche pour l'avoir exposée aux yeux du malheureux que les pénitens accompagnaient, nous aurons l'honneur de vous faire observer que le placement de cette bière n'est en aucune manière un objet dont notre compagnie s'occupe. Mais il n'est pas moins vrai, M. le Maire, que vous avez été mal informé à cet égard puisque le fait est que la bière n'a été portée sur l'échafaud qu'après l'exécution et que, jusque là, elle fut soigneusement tenue cachée dans un lieu voisin.

Enfin, conformément aux statuts et anciens usages de la compagnie, certains confrères ont passé la coupe pour ramasser des aumones destinées à faire des prières pour le repos de l'âme du malheureux qui faisait le sujet de la cérémonie, et à cet égard quelques individus, notamment le sieur B..., sellier, se sont permis les propos les plus injurieux envers les pénitens qui ont eu recours à leur charité, au point de les traiter de *brigands*, de *masques* et autres termes analogues auxquels on n'a pas répondu, faits sur lesquels on se soumet à une preuve complète. Jugez dans votre équité, M. le Maire, dequel côté se trouvent l'indécence et le scandale.

Nous sommes persuadés que, mieux instruit des faits, notre compagnie continuera à avoir part à votre estime et votre protection.

Nous vous saluons avec respect.

Après avoir donné au maire de Tulle les explications qui précèdent, ils écrivirent à l'évêque de Limoges en le priant de demander au Ministre des cultes l'autorisation pour la confrérie de faire les enterrements des suppliciés. Ne voulant pas s'engager personnellement dans le conflit, l'évêque les invita à s'adresser à M. l'abbé Brival, son vicaire général pour la Corrèze, qui leur ferait connaître ses volontés.

Ils n'obtinrent pas satisfaction, car une condamnation à mort ayant été prononcée par la Cour d'assises, au mois de juillet 1813, ils adressèrent cette lettre au substitut du procureur général :

Monsieur,

La confrérie des pénitents bleus étant dans l'usage, conformément à ses anciens statuts, de faire l'inhumation des malheureux suppliciés avec les cérémonies de l'eglise, craint de ne pouvoir pas, dans la circonstance de ce jour, se prêter à cet acte de charité et de religion. M. le Maire de cette ville, en fonctions lors de la dernière exécution qui eut lieu à Tulle, nous fit des deffenses les plus rigoureuses pour empêcher dorénavant cette confrérie de se livrer à une œuvre de cette nature ; et ces mesures de sévérité furent prises contre nous principalement de ce que deux de nos confrères, à notre insu et sans notre participation, s'étaient portés, par un excès de zèle sans doute outré, à aller aux prisons un peu avant l'exécution, dans le dessein de donner des consolations à ce malheureux et de le soutenir dans le trajet qu'il avait à faire pour se rendre au lieu de son supplice. Ces confrères nous donnèrent pour excuses qu'ils avaient voulu en cela imiter les pénitents bleus de Limoges qui sont dans cet usage. Il nous fut même fait d'autres inculpations, suscitées par la calomnie, sur lesquelles nous donnâmes des explications satisfaisantes au magistrat qui sévissait contre nous. Néanmoins l'arrêté qu'il prit contre cette confrérie existant sur les registres de la Mairie, et étant encore dans toute sa plénitude, nous aurions cru manquer à l'autorité en ne nous conformant pas à son dispositif, et à vous, Monsieur, en ne vous donnant pas avis de cette contrariété qui enchaine notre zèle.

Si nonobstant vous croyez pouvoir nous autoriser à continuer cette œuvre en ne faisant aucune innovation, nous exécuterons vos intentions que nous vous prions de nous faire connaitre.

Le registre de la confrérie ne mentionne pas la réponse qui fut faite par le magistrat.

Les pénitents bleus et les pénitents blancs avaient des rencontres fréquentes ; ils assistaient ensemble aux processions générales et se trouvaient souvent aux obsèques des personnes notables dont les familles faisaient appel à leur concours. Si des questions de préséance avaient troublé parfois leurs bons rapports, les différends n'avaient pas laissé de trace. On peut dire qu'en apparence les deux compagnies vivaient dans une harmonie parfaite.

Au fond, les bleus et les blancs se considéraient comme des rivaux, et ne pouvaient toujours, dans leurs réunions particulières, étouffer les sentiments de jalousie qui les excitaient à se dénigrer. Les chefs des compagnies se préoccupaient de cet état d'esprit et cherchaient les moyens de le modifier. Une tentative louable fut faite dans ce but, sur l'initiative du conseil des pénitents blancs. Nous lisons, en effet, dans le registre de cette confrérie, à la date du 22 septembre 1811, le procès-verbal suivant :

Sur la représentation de quelques membres du Conseil, pour faire cesser les rivalités souvent puériles et toujours contraires à l'esprit de piété et à l'édification dont les associations religieuses doivent donner l'exemple dans toutes les occasions, il a été unanimement délibéré qu'on ferait revivre les anciens usages qui se pratiquaient dans l'ancien régime et qu'en conséquence la compagnie assisterait gratuitement aux convois de MM. les prieurs, sous-prieurs, syndics, trésoriers et conseillers en charge de la compagnie de MM. les pénitents bleus qui auraient rempli ces places ou qui décéderaient en les exerçant, pourvu toutefois que MM. les syndics des pénitents bleus prévinsent les chefs de la compagnie du décès de leurs confrères et de l'heure fixée pour le convoi assez tôt pour pouvoir convoquer les confrères. Il a été, de plus, délibéré que MM. les syndics de la compagnie préviendraient en pareil cas MM. les chefs de la compagnie des pénitents bleus et que copie de cet article de la présente délibération leur serait envoyée pour leur donner une nouvelle preuve du désir de la compagnie de resserrer de plus en plus les liens de fraternité qui doivent tenir les deux compagnies étroitement unies.

Cette proposition fut bien accueillie par les pénitents bleus. Un de leurs syndics, chargé par le conseil d'y répondre, termina ainsi sa lettre datée du 1er mars 1812 :

> Les mêmes vues et les mêmes motifs étaient dans les cœurs de tous nos membres, et, depuis le rétablissement de notre compagnie, nous avions projeté, à l'égard de Messieurs vos dignitaires, le même règlement que vous nous avez communiqué. Aussi nous vous prions, Monsieur, de donner avis à l'un de nous, lorsque malheureusement les circonstances l'exigeront, afin que la compagnie des pénitents bleus puisse rendre à MM. les dignitaires décédés les mêmes honneurs que vous avez bien voulu régler à l'égard des nôtres.

Une si belle entente ne pouvait durer longtemps. Les pénitents blancs qui avaient eu l'initiative du rapprochement, provoquèrent la rupture. Voici, d'après le registre de cette confrérie, le récit de cet incident.

M. Boudrie, notaire, étant décédé dans l'exercice des fonctions de prieur des pénitents bleus, les syndics de cette compagnie, conformément à l'accord du 22 septembre 1811, invitèrent les pénitents blancs à ses obsèques. La confrérie des blancs y assista ; mais ses syndics demandèrent à la famille de M. Boudrie le paiement des droits d'assistance. Cette réclamation insolite était contraire aux délibérations prises de part et d'autre. Aussi, le 3 août 1824, les syndics des bleus envoient une protestation à leurs collègues des blancs ; ils manifestent leur surprise, espèrent que la demande d'honoraires a été faite par erreur, et expriment le désir que ce malentendu ne viennent pas altérer les bonnes relations qui existent entre les deux sociétés.

Ainsi présentée, cette protestation n'avait rien de blessant. Mais les pénitents blancs étaient partis en guerre et n'entendaient pas reculer. Leur conseil se réunit aussitôt et prend la délibération qui suit :

Vu la lettre ci-dessus, le Conseil, sans entrer dans aucun motif de discussion, et désirant dans la suite n'être dupe de personne, approuve et loue la conduite que MM. les Syndics ont tenue dans cette circonstance, leur vote en même temps des remerciments, et délibère qu'attendu que la demande n'est revêtue ni de l'autorisation de M. le Curé, ni de celle de M. le Maire, elle ne doit être regardée comme authentique, arrête en conséquence :

1° Que l'arrêté du 22 septembre 1811 est de nul effet ; 2° que les confréries ne sortiront pour assister aux obsèques des dignitaires des bleus qu'à salaire comptant ; 3° qu'il sera écrit la lettre ci-dessous à MM. les Syndics des bleus ; 4° enfin qu'en cas de réponse de leur part, le Conseil ne sera plus convoqué pour cet effet, la délibération n'ayant aucun effet rétroactif.

Copie de la lettre écrite à MM. les Syndics de la confrérie des pénitents bleus :

Messieurs, les Syndics de la confrérie des pénitents blancs mettent le plus grand soin à répondre à des invitations honnêtes, et ne reçoivent d'ordre que de leur conseil supérieur qui est ou Mgr ou M. le curé.

Votre lettre du 3 du courant a nécessité une délibération qui porte en substance l'annulation de l'arrête du 22 septembre 1811.

Clos le 5 août 1824.

La rupture était complète. Le conseil des bleus approuva la conduite de ses syndics, ordonna l'insertion sur son registre de la lettre qu'ils venaient de recevoir, afin de constater que la désunion avait été provoquée par le conseil des blancs ; il décida enfin que la confrérie n'assisterait aux enterrements des dignitaires des blancs que si elle y était conviée par la famille des défunts et moyennant les salaires habituels.

Nous trouvons, dans cette même période, quelques autres menus incidents, qui eurent leur importance au moment où ils se produisirent, mais qui, vus de loin, méritent à peine d'être relatés. On en jugera par le *fait-divers* suivant.

Le 12 mai 1825, le marquis de Villeneuve, préfet de la Corrèze, va visiter la chapelle du Puy-Saint-Clair. Touchés de cette attention, les officiers de la compagnie dressent un procès-verbal de la visite et prient le préfet d'apposer au bas sa signature. Le 20 novembre de la même année, la confrérie le nommait prieur.

Un événement beaucoup plus considérable vint surprendre les pénitents bleus à la date du 4 mai 1862. Pour des raisons que nous n'avons pu découvrir, Mgr Berteaud prononça la dissolution de la compagnie et nomma une commission de huit membres, chargée, sous la présidence de M. Mary, curé de Notre-Dame, de former une confrérie provisoire et d'inventorier les biens de l'ancienne.

Le recrutement de la nouvelle confrérie se fit lentement. Le 11 août 1863, les adhérents se réunirent en assemblée générale pour constituer leur conseil. Ils nommèrent M. le curé Mary prieur ecclésiastique, M. Félix Vidal, prieur laïque, M. Charles de Lauthonie, prieur honoraire, et M. Jean-Baptiste Garroux, sous-prieur.

Ce conseil fut maintenu pendant les années qui suivirent. La confrérie perdit peu à peu son activité ; elle déclina ; ses rangs s'éclaircirent. Nous avons assisté à ses dernières processions. En 1872, ils n'étaient plus qu'un tout petit groupe de fidèles autour de la vieille croix de bois. Leur registre de délibérations est arrêté à la date du 9 mai 1875.

Dans la chapelle du Puy-Saint-Clair on conservait, depuis près de trois siècles, un groupe en pierre représentant le mariage mystique de Sainte-Catherine, qui était entouré d'une grande vénération et connu sous le nom de Notre-Dame-du-Puy. Les fidèles le portaient dans leurs processions pour implorer le beau temps. Depuis 1896 ce groupe est déposé dans la salle capitulaire attenante à la sacristie de la cathédrale.

Cliché communiqué par M. Ducourtieux

La Vierge qui est debout, a soixante-sept

centimètres de hauteur. Elle tient, sur son bras gauche, l'Enfant Jésus ; elle est vêtue d'une robe ajustée au corsage et ample par le bas, dont les plis sont brodés de fleurs d'or. Son voile retombe sur la robe.

A droite de la Vierge, debout aussi, mais de proportions plus petites, Sainte-Catherine nouvellement baptisée, tend sa main gauche vers l'Enfant-Jésus qui lui passe au doigt l'anneau d'alliance. Elle appuie la main droite sur le glaive et sur la roue du supplice. Son voile est surmonté d'une couronne. Sa robe, ouverte en carré, est étroite jusqu'à la taille.

Il n'existe aucun document pouvant nous fixer sur l'origine et la date de ce groupe. Sa technique n'est pas franche ; on y voit des caractères qui peuvent le faire attribuer au XVIIe siècle, et d'autres qui sont incontestablement d'une époque plus ancienne.

Quoique l'ensemble manque de décision et d'individualité, on est frappé par sa disposition aussi simple que charmante. Il y a, dans les divers personnages, une remarquable sincérité, une tenue grave, qui ne sont guère attribuables à la sculpture du XVIIe siècle. La petite Sainte-Catherine est si naïve, si gracieuse ; sa pose est respectueuse et réservée. La coupe des corsages ferait songer aux Vierges de la fin du XVe siècle.

Mais il faut faire la part de l'inexpérience de l'artiste. Le groupe est très probablement l'œuvre d'un scupteur du pays ou d'une province voisine que les influences d'école ont faiblement impressionné, et qui a reproduit une scène déjà vue en y mettant timidement sa note personnelle.

Ce qui est de lui, ce qui n'a pu être copié et sert à dater le petit monument, c'est l'attitude maniérée de l'Enfant Jésus, dont la tête est câlinement penchée et dont les jambes sont trop croisées. Il y a aussi, dans le modelé de la tête de la Vierge certaines rondeurs qu'évitaient les artistes de la Renaissance. Les détails du drapé ne sont pas exempts de recherche. Les gaucheries et les incorrections grossières que l'on constate dans les attaches du cou de la Vierge, dans les bras et les mains, la molesse enfin des plis de la robe, nous amènent à penser que nous sommes en face d'une œuvre du XVIIe siècle à son début.

Il existait autrefois dans le cimetière du Puy-Saint-Clair, un oratoire mentionné dès le XVIe siècle. Il était ancien déjà lorsque, à la date du 3 septembre 1605, Marguerite de la Douze, femme de Jacques de Limoges de la Gorse, y fonda, par testament, la vicairie de Sainte-Caterine [1]. C'est à cette époque, très vraisemblablement, que le groupe représentant le mariage mystique de la sainte y fut porté. La dame de la Gorse qui devait pourvoir au service de la vicairie et en orner l'autel, peut être considérée comme la donatrice de la statue.

Les revenus de la vicairie étant insuffisants pour l'entretien de l'oratoire, il tombait en ruines. La confrérie des pénitents gris, dont la chapelle était construite sur le point culminant du Puy-Saint-Clair, donna alors asile à la vicairie de Sainte-Catherine et assura son service. Le groupe sculpté fut transporté dans la chapelle des pénitents, et nous avons dit qu'il y est resté jusqu'à son dépôt, en 1896, dans les dépendances de la cathédrale.

---

(1) Voir les Notes de M. Clément Simon sur le Pouillé de Nadaud (*Bulletin de la Société scientifique, historique et archéologique de la Corrèze, 1894*, p. 575.

Loin de contredire notre attribution, l'histoire ne fait donc que la rendre plus plausible.

Dans la même salle capitulaire, au dessus de la cheminée, a été attachée au mur la croix processionnelle en bois doré de la confrérie des pénitents bleus.

Quelques uns des tableaux qui ornaient la chapelle du Puy-Saint-Clair, ont été transportés aussi dans les dépendances de la sacristie de la cathédrale. Ils sont d'une facture très inhabile. Une sainte Madeleine et un Crucifiement ne portent pas de signature. Le moins mauvais représente la Flagellation ; il est signé F. Roche, avec une date dont les deux derniers chiffres [..22] sont seuls visibles. Nous croyons qu'il faut lire 1822 et qu'on peut attribuer ce tableau à un artiste de Tulle, peintre et sculpteur médiocre, qui fit, en 1808, une tête de Saint-Jean pour la confrérie des pénitents blancs. Dans l'angle supérieur gauche de la toile, on voit un écusson figurant un arbre vert sur lequel est une colombe, surmonté de trois étoiles.

NOTES ET DOCUMENTS

SUR LA

CONFRÉRIE DE PÉNITENTS BLANCS

DE TULLE

Dans l'épître dédicatoire qu'il a mise en tête de son Rituel des pénitents blancs [1], J. Rivière rappelle à l'évêque de Tulle [2] que cette compagnie *tient le rang de ses aisnez.* Il est fier de ce titre et se plait e répéter : « vous laisserez à vos successeurs,écrit-il à l'évèque, ce que vous avez reçeu en beaucoup meilleur estat avec un accroissement de cinq celebres monasteres et deux compagnies de Penitens, qui vous doivent leur naissance ; mais personne ne nous conteste que nous ne soyons les premiers nais. Ce sont donc, Monseigneur, vos aysnez, vos tres humbles et tres obeyssants fils et serviteurs qui vous offrent ce Rituel de prieres. »

Fondée en 1590 alors que les pénitents gris ne remontent qu'à 1601, la confrérie des pénitents

---

(1) *Rituel des prieres que les confreres penitans blancs de la ville de Tulle recitent et psalmodient annuellement dans leur Eglise, avec leurs autres exercices spirituels, le tout dressé par* J. Rivière *prestre de ladite ville et dedié à l'Illustrissime evesque d'icelle par les susdits confrères.* A Tulle, par Fran. Alvitre, 1642. Un vol. in-16 de XXIV et 614 p.

(2) Jean de Gourdon de Genouillac de Vaillac.

blancs est donc la plus ancienne des deux compagnies de pénitents de Tulle. Il eût été logique de nous occuper d'elle tout d'abord. Mais la découverte des documents ne procède pas toujours suivant l'ordre chronologique ; nous avions achevé le dépouillement des archives de la confrérie des pénitents gris, avant d'avoir trouvé les registres de la confrérie des pénitents blancs. De là provient cette inversion de l'ordre que nous aurions dû suivre ; inversion sans conséquence, puisque nous consacrons une étude distincte à chaque compagnie, et qui nous a permis de commencer par la notice la plus complète, celle pour laquelle nous avons réuni les documents les plus anciens et les plus abondants.

Une délibération du 23 juin 1779 nous apprend « que l'armoire contenant les papiers et archives de la compagnie avoit été espillée, sans doute par la négligence du secrétaire à garder précieusement les clefs. » Tous les actes constitutifs de la société, les bulles des papes, les statuts, les premiers registres ont disparu. Pour la période antérieure à la Révolution, nous n'avons comme source de renseignements que le Rituel imprimé de 1642 et un seul registre de 124 feuillets, couvert en parchemin, écrit des deux côtés, portant sur l'un des plats cette mention : *Catalogue des Penitens*, et sur l'autre : *Nomination*, *Admission*, *Messieurs les Officiers*. Ce registre contient les listes des confréresses, les procès-verbaux de réceptions et d'élections, et les délibérations de l'assemblée générale depuis 1745 jusqu'au 15 avril 1792. Pour le XIXe siècle, nous avons eu recours au registre des délibérations, écrit aussi des deux côtés, avec ce double titre sur les premiers feuillets : *Catalogue de la Confrérie des Pénitens blancs de la ville de Tulle, anno 1807,* et *Réceptions de Messieurs les Pénitens blancs, anno 1807*. La dernière délibération est datée du 23 août 1874[1].

Les documents antérieurs à 1745 manquant presque totalement, nous tâcherons de combler cette lacune en faisant des emprunts au Rituel du prêtre Rivière. Ce manuel de prières nous prouve au surplus, que si chacune des deux compagnies de Tulle s'était mise sous le patronage d'un saint différent, les confrères de saint Jérôme et ceux de saint Jean-Baptiste suivaient à peu près la même règle, visaient au même but et conformaient leur vie selon le même modèle. Les deux associations sont écloses, l'une et l'autre, à peu d'années de distance, sous le souffle religieux qui fit sortir de notre terre limousine tant d'oratoires et de congrégations. Elles ont eu des périodes de prospérité et des périodes de déclin qu'on doit attribuer à des causes similaires. Leur histoire se ressemblant dans les lignes principales, nous allons, pour éviter les redites, ne nous attacher qu'aux particularités les plus saillantes.

Les habitants de la ville, bourgeois et artisans, formaient le gros de la compagnie. Elle se recrutait aussi dans la banlieue et même dans les paroisses environnantes ; Favars, Chameyrat et Chanac lui fournissaient un petit contingent.

Nous nous rappelons avoir vu, dans les dernières processions de pénitents blancs, des enfants revêtus du sac, coiffés du capuchon, ceints de la corde, et portant de la main droite une croix de bois faite pour leur taille ; d'autres, pareillement costumés, tenaient les cordons de la grande croix

---

(1) Ces registres sont conservés dans la sacristie de l'église paroissiale de Saint-Jean-Baptiste, ancienne chapelle des pénitents blancs, et nous ont été obligeamment communiqués par M. le curé de cette paroisse.

processionnelle. Ces pupilles faisaient partie de la confrérie au même titre que les hommes mûrs. Il n'est pas rare, au XVIIIe siècle, de trouver mentionnées sur les registres des réceptions d'enfants âgés de quatre ans, trois ans et même deux ans. Les parents faisaient la présentation de leurs fils, s'engageaient pour eux à suivre les statuts et à payer le droit d'admission et le devoir annuel. Les procès-verbaux de réceptions relatent assez souvent le consentement donné par le père ou la mère d'enfants âgés de huit ans et plus.

Dans les sorties solennelles des pénitents, un jeune enfant, drapé de laine blanche, marchait derrière la croix, conduisant en laisse un agneau ; il représentait saint Jean le patron de la confrérie. C'était, le plus souvent, le fils d'un pénitent, un futur pénitent lui-même. Il pouvait être admis dans la société sans payer le droit de réception. Le 23 juin 1769, Guillaume Chastang et Joseph Laval sont exemptés des droits, « ayant fait saint Jean pendant quatre ans » ; il en est de même, le 21 juin 1778, pour François Laval qui a servi pendant trois ans « à mener l'agneau ».

Le Rituel de 1642 nous fait connaître le cérémonial adopté pour la réception d'un nouveau confrère. Il diffère peu de celui qui était en usage dans la compagnie des pénitents bleus. Après s'être enquis des « vie et mœurs » du postulant et avoir pris l'avis de l'assemblée générale, le conseil charge le secrétaire de donner lecture au novice des statuts auxquels il devra se soumettre, et des bulles d'indulgences accordées par les Saints-Pères. Au jour fixé pour sa réception, le postulant se présente pieds nus dans la tribune, devant les pénitents assemblés ; se met à genoux, les mains jointes, pendant que les confrères chantent le

Miserere ; proteste de son dévouement à la compagnie et de son obéissance aux commandements de Dieu ; promet sur « la croix, missel et teigitur » d'oberver les statuts, et adresse une fervente oraison à saint Jean-Baptiste, le suppliant de l'agréer pour son « perpétuel serviteur ». Le prieur bénit ensuite le sac et le rosaire. Dès que le nouveau pénitent a revêtu son costume, le prieur lui adresse une « remonstrance » ; il lui met enfin une croix à la main et le mène donner un baiser de paix à ses confrères.

Chaque année, à la date du 23 juin veille de la fête de saint Jean-Baptiste, la compagnie nommait les membres de son conseil. En nous reportant au livre du prêtre Rivière, nous pouvons nous rendre un compte exact du cérémonial d'une élection.

MANIERE DE PROCEDER *annuellement à nouvelle élection d'un Prieur, Soubsprieur et autres officiers.*

Les susdits confraires ayant ouy la messe que l'hebdomadier dict du S. Sprit le susdict jour à six heures du matin, invoquent premierement l'assistance du mesme S. Sprit par les prieres qui s'ensuivent : *Veni Creator, etc.* Puis s'estans assis dans la sale, le prieur leur fait une briesve remonstrance touchant les conditions requises et nécessaires pour procéder à une bonne élection, telle que la suivante ou autre semblable.

(Dans cette exhortation le prieur développe ce thème que, pour faire un bon choix, trois conditions sont requises : 1° y procéder mûrement et avec discrétion, 2° donner son suffrage à des hommes de bonne vie et de bon exemple, 3° se décider librement, sans passion et sans envie.)

La susdicte remontrance ou exhortation estant finie le secretaire de ladicte frairie, après avoir prealablement faict lecture des statuts d'icelle, ensemble du sommaire des indulgences à elle concédées par nos Saints Pères les papes Grégoire XIV, Clément VIII, Paul V et Urbain VIII, se retire dans l'autre chambre pour colliger les voix, et ladicte collection faicte rapporter au milieu de l'assemblée ceux qui par pluralité de voix ont esté choisis et esleus pour Prieur et Soubsprieur de ladicte frairie pour une année advenir. Et s'il arrive que les voix soyent myparties, on retourne donner sa voix et son suffrage, l'un après l'autre et par rang de réception comme dessus, à l'un de ceux qui ont esté choisis et nouveaux nommés.

Cela faict, ceux qui sont créés pour Prieur et Soubsprieur, apres avoir promis à Dieu et à tous les confraires, en présence des Prieurs et Soubsprieurs jadis, de bien et deuement à l'honneur de Dieu, de la Vierge Marie et de S. Jean-Baptiste leur patron, gouverner et régir ladicte confrairie et icelle augmenter, et de tout leur pouvoir garder et faire garder les statuts et ordonnances d'icelle, se retirent dans la susdicte chambre avec ledit secrétaire pour faire nomination de douze confraires, quatre d'église et huict séculiers, des plus prudents assidus et plus zélés à ladicte frairie, pour conformement aux statuts d'icelle decider et resoudre avec eux et par leur conseil toutes les affaires qui arrivent pendant leur charge, sauf où ils jugent en devoir communiquer à tout le corps d'icelle. Avec lesquels aussi apres toutefois les avoir présentez à tous les confraires pour estre par eux approuvés et trouvés bons, ils font nomination de trois scindics, l'un d'église et les autres deux seculiers, ou de moins, ainsi qu'ils le jugent nécessaire, et apres les avoir ainsi présentez auxdicts confraires, pour la raison que dessus on chantera le *Te Deum laudamus* à la fin duquel le Prieur dict l'Oraison suivante : *Oremus, clementissime pater, etc.*

Le procès-verbal de l'élection était aussitôt rédigé par le secrétaire du conseil et transcrit sur le registre de la confrérie. Nous donnons ici, pour montrer la teneur habituelle de ces comptes rendus, celui du 24 juin 1770 ; la fête de saint Jean avait été remise, cette année là au 25 juin.

Aujourd'huy vingt-quatre juin mil sept cent soixante dix, a l'issue de vêpres, en présence de M^rs les prieur, et sous-prieur et autres delegués et confrères assemblés au son de la cloche, a été procedé a la nomination de M^rs les prieur, sous-prieur et autres officiers, ainsi que suit :

Ont été nommés,

pour Prieur, Mr Jean Soleilhet père, docteur en médecine,

pour sous-prieur, Messire Jacques de Bardoulat de Lissac, chanoine de l'église cathédrale de Tulle,

pour scindicqs prêtres, Mr Puyaubert prêtre, Mr Fès prêtre,

pour scindicqs laïqres, Mr Floucaud fils, Mr Brossard cadet,

pour secrétaires, Mr Pauphile ancien juge et M^r son fils.

Delegués Mrs Darluc théologal, Lagarde chanoine, Dumyrat curé de Saint-Julien, Fraysse chanoine, Darche D'Embrugeat Bardoulat de Lasalvanie, Desfarges ancien maire, du Chassaing, Rabanide avocat, Bouzonie.

Les autres officiers continués. A Tulle ledit jour, mois et an que dessus.

Et pour auditeurs du compte du sieur Villeneuve scindic, avec les nouveaux scindics, ont été nommés Mrs Bouzonie et Desfarge.

A été en outre déliberé qu'à la diligence de M^rs les scindicqs nouvellement nommés, que la compagnie authorise a cet effet, seront authorisés a rechercher la reddition de compte à tous les anciens scindicqs leurs predecesseurs depuis vingt ans de la gestion et administration qu'ils ont faite des revenus devoirs et autres qui se percevoient par les scindicqs, desquelles poursuites M^rs les scindicqs sont priés de rendre compte a la compagnie le jour de la Toussaint ; a ces fins ils auront la bonté de prevenir tous M^rs les anciens scindicqs.

Suivent les signatures.

Les officiers pouvaient être réélus ou maintenus pendant plusieurs années. Voici la liste des prieurs qui se sont succédés depuis 1771 jusqu'à la Révolution :

1771. François de Gain de Montagnac, vicaire général de l'archevéché de Reims.

1773. Jean Goudelou, curé de Bassignac.

1775. De Loyac de la Bachellerie.

1776. Jean-Martin La Selve de Saint-Avid, doyen de l'église cathédrale.

1777. De Bardoulat de la Salvanie.

1778. Nicolas Béronie, prêtre, professeur au collège.

1779. Jean-Léonard Reignac, avocat.

1780. Parjadis, curé d'Espagnac.

1781. Floucaud, docteur en médecine.

1783. Villeneuve avocat.

En 1784 et 1785, il n'y eut pas d'élections. Les pénitents furent convoqués pour le 29 mai 1785 à l'effet de nommer leurs officiers ; le procès-verbal nous apprend que « il n'a rien été décidé faute de votants ». Une nouvelle convocation fut faite pour le 17 avril 1786. Les confrères, cette fois, étant en nombre suffisant, l'un deux exposa « que depûis quelques années la compagnie se trouvoit dénuée de prieur ; c'est pourquoy il étoit essentiel de pourvoir à la nomination des officiers dont les places vacantes avoient été jusqu'à présent exercées par des anciens ». L'assemblée élut comme prieur le chanoine Graviche qui resta en fonctions jusqu'au 23 juin suivant, date fixée par les statuts pour le renouvellement annuel des officiers. Il fut alors remplacé par Louis Alexis Laborderie de Vernéjoux.

Depuis quelques années la compagnie souffrait de l'indifférence et de l'inexactitude de ses membres. Il était temps de réagir, de resserer les liens qui unissaient les confrères, de les obliger à suivre plus fidèlement leurs statuts. C'est dans ce but qu'à la date du 16 juillet 1786 l'assemblée générale élabora le règlement suivant :

L'assemblée de Messieurs les Pénitents blancs ayant été convoquée en la forme ordinaire le seize Dimanche de Juillet de l'an 1786, il a été statué ce qui suit :

1° Que toutes les années on procederait a l'élection des nouveaux prieurs et scindicqs le 23 juin, veille de la Saint Jean, environ les neuf heures du matin, et que l'assemblée seroit convoquée à cet effet, et que dans le cas que Messieurs les prieurs qui seroient nommés eussent des raisons légitimes de ne pas accepter on procederoit à une nouvelle élection le lendemain ou le jour indiqué par Messieurs les prieurs qui sortiroient de charge.

2° Que le second dimanche de juillet de chaque année les anciens scindics rendroint un compte exact de leur administration, le tout par quittance en presence de Messieurs les anciens et nouveaux prieurs, et que la même reddition de compte se feroit également le deux dimanche de janvier de chaque année en présence de Messieurs les prieurs et autres auditeurs de compte qui seront nommés si le cas le requiert.

3° Que les vases sacrés, ornements, linges, quantité de cire sera mise es mains des nouveaux scindics à chaque mutation de scindic en présence de Messieurs les prieurs, et qu'il en sera fait un état signé tant des anciens que des nouveaux scindics, dont un double sera inséré sur les registres de la confrairie et l'autre demeurera entre les mains des scindics, lequel état sera approuvé de messieurs les prieurs et de M^rs^ les auditeurs de compte s'il est nécessaire.

4° Que la confrerie de M^rs^ les pénitens ne sortira pour aucun enterrement que pour les confreres et les confreresses, et qu'ils fairont en sorte d'être toujours au nombre de trente penitens qui seront nommés à leur tour le second dimanche de chaque mois jour de bénédiction. M^rs^ les scindics auront la bonté d'en faire le catalogue à cet effet afin qu'aucun n'en prétende cause d'ignorance, et dans le cas que quelque penitent ne put pas assister auxdits enterrements pendant le mois qui luy sera désigné, il en préviendra M^rs^ les scindics afin qu'ils puissent le remplacer par un autre pour le mois seulement ; et dans le cas que lesd. pénitens ne seront pas sortis dans le mois pour lequel ils seront nommés, on les continuera pour le suivant ; ceux qui ont été dans les charges ou qui peuvent y aspirer seront exempts.

5° Si la confrerie de M^rs^ les penitens blancs assiste a un enterrement pour tout autre que pour les confrères, il sera payé au scindic douze livres sans qu'il luy soit permis de faire aucun rabais.

6° M^rs^ les scindics tiendront un état exact de tous les enterrements auquels M^rs^ les pénitens auront assisté durant le cours de l'année et ils auront soin de faire payer exactement les arrérages par les héritiers des défunts et les avertiront en même temps du jour qui sera fixé pour faire le service du défunt conformement aux usages.

7. Les visiteurs des malades, il en sera nommé deux qui seront chargés en même temps de faire la quête pour les pauvres honteux de la confrérie, auront soin de les visiter pendant leur maladie et leur distribueront les aumones dont ils seront chargés. Et dans la supposition qu'ils viennent à mourir on n'exigera pas ce qui sera du s'ils sont véritablement pauvres et qu'ils aient été assidus.

8° Il ne se fera aucune dépense extraordinaire sans que M^rs^ les sindics en ayent conferé avec M^rs^ les prieurs qui convoqueront l'assemblée s'ils le jugent à propos.

9° Pour les processions et les enterrements le nombre des batons sera fixé à six grands batons s'il y a 30 penitens, à 10 s'il y en a 50, sans y comprendre les batons qu'on distribue aux enfants qui precedent la croix. Dans la distribution des batons on preferera toujours les chantres, les personnes distinguées et ceux qui savent ranger une procession ; afin qu'il n'y aye pas de confusiou ou aura soin de les faire marcher a douze pieds de distance ou environ, et qu'on ne se dévoile pas pendant les exercices, prendre garde qu'on ne parle pas, ni qu'on amene des enfants par la main ou par le cordon, et afin que tout inspire la dévotion et la decence on recommandera la propreté.

10. M^rs^ les sindics auront soin de faire aquitter exactement les messes et autres fondations dont la compagnie est chargée.

Malgré les prescriptions de ce nouveau réglement, les élections des années suivantes n'eurent pas lieu à la date statutaire. Le conseil, renouvelé le 13 juillet 1788, comprenait les dignitaires dont les noms suivent :

Prieur écclésiastique : Pierre Ignace Graviche, chanoine.

Prieur laïque : Gabriel Darche de Puy de Val, chevaux léger de la garde du roi, baron de Puy de Val.

Prieur honoraire ecclésiastique : Jean Joseph Gaspard Mas, prieur curé de Bussière Galand.

Prieur honoraire laïque à perpétuité : Alexis de la Borderie de Vernéjoux, chevalier, seigneur baron de la Roche et de la Rochette.

Secrétaire : Jean Léonard Ludière, avocat en parlement.

Trésorier : Martial Floucaud, seigneur de la Pénardille, conseiller du roi, receveur de la chancellerie présidiale de Tulle.

Syndic prêtre : Guillaume Calvet, prêtre.

Syndics en exercice : Martial Pauphile, marchand aubergiste, rue du Lion d'or, et Jean Joseph Laval, marchand.

Syndics honoraires : Pierre Floucaud vieux, procureur au présidial de Tulle, et Jean Baptiste Baudry, notaire royal.

Auditeurs de comptes : Reignac, avocat ; Villeneuve, avocat ; Floucaud, médecin ; Rominhac, Me en chirurgie.

Et les anciens syndics de la sacristie continués.

Le 12 septembre 1790, furent nommés :

Prieur ecclésiastique : Jean-Baptiste Machat, curé de Chanac.

Prieur laïque : Rabanide, avocat.

Enfin le 26 juin 1791, l'assemblée générale mit à la tête de la confrérie, en qualité de prieur ecclésiastique, Brival, évêque constitutionnel de la Corrèze. Le conseil se composait, en outre, des officiers suivants :

Prieur laïque perpétuel : Borderie Vernéjoux.

Sous-Prieur : Reignac, avocat.

Secrétaire : Léonard Ludière avocat.

Trésorier : Lagier, du Chapeau-rouge.

Syndics prêtres : Deschamps, vicaire de la paroisse Saint-Martin de Tulle, et Borie, aumônier de l'hôpital.

Syndics en exercice : Pineaud aîné, et Béral aîné.

Syndic perpétuel : Laval cadet.

Auditeurs de comptes : Baudry, notaire, et Floucaud vieux, procureur.

Cette élection devait être la dernière du XVIIIe siècle.

Nous n'avons parlé, jusqu'à présent, que de l'élément masculin de la confrérie. Elle se recrutait aussi parmi les femmes. Le plus ancien catalogue de confréresses que nous ayons consulté a été établi en 1744-1745 ; il contient cent cinquante neuf noms. En tête sont inscrites : demoiselles Marie-Anne Teyssier, de Servières, prieure ; Marianne Floucaud, secrétairesse ; Marie Taillandier, conseillère.

En 1749, nouveau catalogue, mis à jour jusqu'en 1751. On y relève cent quarante noms. Le nombre des pénitentes est réduit à 118 sur le catalogue de 1752.

D'autres listes ont été dressées en 1763 et 1766, mais elle ne contiennent que les noms des confréresses en retard pour le paiement de leur droit de réception ou de leur devoir annuel. Quelques-unes doivent leurs cotisations de cinq, huit, dix et quinze ans. Le droit de réception était de six livres pour les femmes comme pour les hommes ; on le réduisait souvent à trois livres. Les procès-verbaux de réceptions se terminent quelquefois par cette mention : « n'a rien payé ».

Sur ces listes ou catalogues les noms de certaines confréresses sont suivis du titre de « grande pénitente ». Nous y voyons, par exemple, « Jeanne Cipière, femme Pascal, grande pénitente » ; « Isabeau Laurençon, femme à Bernard, marchand sargetier, grande pénitente, doit de reste de sa réception ou devoir 3^{l} 16^{s} » ; « Françoise Riou, veufve de Jean Rigaudie Me tailleur, pénitente blanche grande, reste de réception ou devoir, 4^{l} 12^{s} ». Y avait-il deux catégories de pénitentes, ou bien le titre de *grande* désignait-il la confréresse qui avait atteint sa majorité ? Nous ne pouvons admettre cette seconde hypothèse, car la qualification de grande est assez rare sur les catalogues qui contiennent un grand nombre de femmes mariées et de veuves.

La confrérie était ouverte à toutes les classes sociales Femmes de bourgeois titrés, de simples bourgeois et d'artisans s'y rencontraient à côté de servantes et de paysannes. Nous y avons même trouvé une carmélite qui ne pouvait pas certainement, à raison de sa clôture, suivre les exercices de la compagnie et se rendre à ses assemblées.

On y admettait comme pour les hommes, des personnes de tout âge ; nous constatons que les filles au-dessous de quinze ans étaient beaucoup moins nombreuses que les jeunes garçons.

La cérémonie de réception d'une pénitente est réglée en détail dans le Rituel du prêtre Rivière. Nous y trouvons aussi l'énumération des engagements que prend la nouvelle confréresse en entrant dans la compagnie :

Celles qui désirent s'aggréger et faire recevoir en la susdite confrairie s'adressent a celle qui a été choisie le susdict jour (22 juin) directrice et supérieure des autres confreresses, laquelle prend leurs volontés et les rapporte à icelle et apres s'estre enquise avec elle de leurs vie et mœurs et du tout donné advis par le scindic de ladite confrairie au Prieur, Soubsprieur conseilleurs ou délégués (car lesdites confreresses ne peuvent admettre, renvoyer ni rien resoudre d'important que par dependance et de l'advis des superieurs de ladite confrairie) s'il n'y a lieu de renvoi, elle leur fait entendre qu'en s'aggregant en icelle elles s'obligent :

1° de dire chaque matin cinq fois le *Pater noster* et cinq fois l'*Ave Maria* en l'honneur des cinq plaies de nostre Seigneur,

2° de faire tous les soirs l'examen de conscience, et rendre graces à Dieu des bienfaicts reçeues en la façon et maniere mises cy apres dans l'exercice quotidien,

3° de se trouver et rendre dans l'église de ladite confrairie les jours auxquels les confreres d'icelle y recitent et psalmodient les susdicts offices, et ainsi que sera dict cy-apres,

4° d'assister aux processions et enterrements des confreres et confreresses qui decederont,

5° de se confesser et communier (outre le jour de Pasques) les jours qui s'en suivent, scavoir le premier dimanche de l'Advent et de Carême, le lundi-saint, le dimanche de la Pentecôte, le premier dimanche apres la Feste-Dieu, le jour de s. Jean Baptiste patron de ladite confrerie, le jour de l'Assomption de la Vierge Marie, le jour de la Decollation dudict S. Jean Baptiste et le jour et fête de Toussaint,

6° de visiter les pauvres et les prisonniers non seulement les susdicts jours mais toutefois et quantes que par la superieure de ladite confrerie ou autre de sa part leur sera prescrit et commandé, et de se trouver aux assemblées ordinaires et extraordinaires qui leur seront indiquées.

Et finalement ladite supérieure leur fait entendre que pour estre receues en ladite confrerie avec fruict et comme il faut, elles doivent faire confession générale et communier le jour qu'elle leur prescrira pour estre reçeues, ce que ce fait en carême un jour de vendredi et en autre temps un jour de dimanche ou d'autre fête solennelle et d'assemblée pour lesdicts confreres et confreresses, et ledict jour arrivé, ladicte reception se fait comme cy apres.

Les susdites confreresses s'estants le jour prescrit par la superieure assemblées dans ladite confrerie immediatement apres midy, et celle qui doit estre reçeue s'estant mise à genoux pieds nus et les mains joinctes devant le balustre de l'autel de ladite eglise, le prestre scindic apres avoir dict à voix basse le psalme *Miserere*, se retournant vers elle luidict : Que demandez-vous ? — Elle répond : La misericorde de Dieu et la paix de cette compagnie. — Le susdict scindic poursuit et dict : Nous vous prions que vous gardiez les commandements de Dieu et les statuts de nostre confrairie, et vous en recevrez grande consolation. — Toutes les confreresses répondent : Dieu luy en face la grace.

Et apres avoir promis sur la Croix, Missel, Teigitur, de garder les susdicts statuts moyennant la grace de Dieu, elle dict l'oraison suivante, et si ne sçait lire la dict conjoinctement avec le susdict scindic. (L'oraison est la même que pour la réception d'un confrère).

Après quelques autres oraisons la nouvelle pénitente, conduite par la supérieure, donne le baiser de paix à ses confréresses. Le syndic la fait enregistrer sur le livre de la confrérie et inscrit son nom sur le catalogue. Puis chacun se retire.

Si l'on se réfère au Rituel des pénitents blancs de 1642, on voit que l'assemblée générale des confréresses devait se tenir, chaque année, l'avant veille de la fête de Saint-Jean, 22 juin, à midi, dans la chapelle de la confrérie pour élire une supérieure et trois syndiques. La procédure de l'élection et la cérémonie de l'installation de la supérieure sont absolument les mêmes que pour les pénitentes bleues. Ces dignitaires ont des fonctions déterminées et restreintes qui laissent l'administration tout entière de la confrairie au prieur et à son conseil. La supérieure à le rôle d'une surveillante générale ; deux des syndiques s'occupent du linge des autels, et la troisième veille à la distributions des cierges. Nous avons vu une organisation identique dans la confrérie des pénitents bleus ; les réglements des deux compagnies étaient faits sur le même modèle.

Avec le temps,les pénitentes blanches donnèrent à leur conseil une tout autre importance. Le nombre des dignitaires fut augmenté ; elles eurent des *officières* dont les titres furent exactement copiés sur ceux des pénitents. Dès 1744 la qualification de supérieure était abandonnée ; Marie-Anne Teyssier, de Servière, avait le titre de *pricure* ; une *secrétairesse* et une *conseillère* l'assistaient.

Voici, d'après le procès-verbal de l'élection de l'année suivante, la composition du conseil des pénitentes :

Aujourd'huy dixiesme Juilliet mil sept cent quarante cinq, les confreresses de St-Jean-Baptiste assemblées au son de la grand cloche et adverties par la mandataraisse pour procéder suivant les statuts et en la maniere accoutumée a la nomination des nouvelles officieres de la ditte compagnie, apres avoir invoqué le St Esprit par le *Veni Creator* chanté dans la tribune par Mrs les sousprieur et scindics pretres qui ont droit a la ditte assemblée, les confreresses se sont retirées dans la chambre du conseil, et après une mure déliberation ont nommé pour leur prieure demoiselle Marie Anne Teyssier de Servières, pour leur sous prieure demoiselle Marie Anne Floucaud, pour secreteraisses Mlles Antoine Lafon et Marie Talandier femme de Graviche, pour conseilleres dame Marie de Laprade de Lissat, dame Marie Balat de Jolibert, demoiselles Anne Floucaud, Marguerite Dufaure femme au sieur Dupont, Marie Jeanne Pastrie veusve a Delbos, Marie Dumond fille, et Marie

Lagier, et pour sindiques Magdeleine Laval femme a Dominique Soustre, et Louise Lacombe femme au sieur Daubès procureur, et pour la confrérie de Notre-Dame Demoiselle Anne Moulin fille.

Signé : Delbos, sous-prieur.

A la suite du procès verbal de nomination qu'on vient de lire, écrit de la main du sous- prieur des pénitents, on trouve la délibération suivante :

Ce jourd'hui vingt-deux juillet 1747, la compagnie assemblée, a été délibéré d'une commune voix que les demoiselles cy dessus continueront les mêmes fonctions pour l'année commencée le vingt-quatre juin 1747.

Signé : Vedrene *sous-prieur*, Malaurie, Deleyval, Reignac, Bouzonie.

Le 30 juin 1748, nouvelles élections par l'assemblée générale des pénitentes, sont élues :

Prieure, Marie Anne Floucaud, femme à Pierre Floucaud, bourgeois.
sous-prieure, Louise Lacombe, femme Daubès procureur.
secreteresse, Marie Taillandier, femme à Graviche, et Madeleine Laval épouse Soustre.
conseillères, Anne Floucaud, Marguerite Dufaure, Marie Dumond, Marie Lagier, Marie-Jeanne Pastrie, Anne Moulin.
syndiques, Anne Plantade épouse Pauquinot, et Marie Anne Mesnager.
scindique de Notre Dame, Anne Moulin.
Mandateraisse, Toinette Fèz, épouse Brunerie.

(Le procès-verbal est signé par la prieure, la sous-prieure, la secreteraisse, la syndique de Notre Dame, et par le prieur, le sous-prieur, le secrétaire et le syndic des pénitents.

Les mêmes *officières* furent réélues le 6 juillet 1749. Après cette date nous ne trouvons sur le registre de la confrérie aucun autre procès-verbal d'élection par l'assemblée générale des pénitentes. Il est probable que les confréresses cessèrent de revendiquer le droit de nommer un conseil et qu'elles laissèrent au conseil élu par les hommes le soin de les administrer. Le titre et les fonctions de prieure furent maintenus ; mais il est à croire que la prieure n'eut pas des pouvoirs plus étendus et une initiative plus grande que la supérieure du XVIIe siècle. Un procès-verbal en date du 26 juin 1775 nous prouve qu'à cette époque elle était nommée par l'assemblée générale des pénitents, sans que les confréresses fussent appelées à prendre part au vote ou à donner leur avis :

Et tout de suite ayant été deliberé qu'on procederoit a la nomination d'une prieure des confreresses de la compagnie, il a été unanimement accordé entre les confreres qu'on nommoit dame Marie de Faye de Villeautrech épouse de Mre Jean Charles Joseph de Lasalvanie, chevalier seigneur de la Salvanie, et qu'a ces fins Mr de la Bachellerie prieur et Mr l'abbé de La Salvanie sous-prieur honoraire seroient invités de la prier d'accepter cette place.

La dame de la Salvanie accepta le titre de prieure et fut réélue le 23 juin 1776 par l'assemblée générale des hommes qui, dans la même séance, avait nommé son prieur, son sous-prieur et ses autres officiers. Elle est la dernière dignitaire figurant dans les procès-verbaux d'élections. Nous avons dit déjà que la confrérie avait procédé assez régulièrement jusqu'en 1791 au renouvellement de son conseil ; mais dans la liste des officiers élus par l'assemblée ou nommés par le conseil, on ne voit jamais, après 1776, le nom d'une supérieure ou d'une prieure.

Nous avons appris, par le Rituel de 1642, quel était le rôle des syndiques. Leurs attributions ne furent pas modifiées pendant la période où elles durent leur élection à l'assemblée générale des pénitentes. Elles percevaient les cotisations annuelles, les droits de réception et encaissaient le produit des quêtes faites par leurs confréresses. Les quêtes à la porte de la chapelle, les jours de fête et d'exposition du Saint-Sacrement, donnaient en moyenne deux livres et quelques sous. Les syndiques payaient certaines dépenses d'entretien de l'autel de la Vierge, ainsi que le blanchissage du linge.

Chaque année, devant le prieur et le sous-prieur, elles rendaient compte de leur gestion et remettaient à celles qui les remplaçaient les objets qu'elles avaient en charge. Le 2 août 1745, Anne Plantade, syndique sortante, remet à Anne Moulin, syndique nouvelle « cinq robes, plus trois coiffes, plus une toilette, plus une couronne d'argent plus deux tours de perles, plus quatre colliers, plus dix-huit rubans de différentes couleurs demi usés, plus cinq livres dix sols d'argent, plus trois devants d'autel en soye garnis en dentelle d'argent faux de différentes couleurs, plus un plat d'étain. » Ces différents objets servaient à l'ornement de l'autel de la Vierge connue sous le nom de Notre-Dame des pénitents blancs.

Dès sa constitution, la confrérie avait obtenu des papes Grégoire XIV et Clément VIII des bulles d'indulgences (9 février 1591), que Paul V et Urbain VIII avaient confirmées (13 août 1614 et 15 février 1634). Les originaux de ces bulles, pas plus que les registres sur lesquels elles avaient été transcrites, n'ont été conservés ; mais nous en avons l'analyse dans le Rituel de 1642. Les confrères et les confréresses pouvaient gagner une indulgence plénière par leur entrée dans la compagnie, par la communion et la visite dans leur église au jour de la Nativité de saint Jean, de la Pentecôte, de la Toussaint, du premier dimanche de l'Avent et du dimanche après la Fête-Dieu. L'assistance aux cérémonies, l'exact accomplissement de tous leurs devoirs de pénitents, certaines pratiques religieuses ou charitables leur donnaient droit à des remises de soixante jours de pénitence.

Le 22 juillet 1770, la confrérie assemblée décida de se pourvoir en Cour de Rome pour obtenir trois indulgences plénières, l'une le jour de la Nativité de saint Jean-Baptiste, la seconde le jour de la décolation de son saint patron, la troisième le dimanche de l'octave de la Fête-Dieu. Elle jouissait à perpétuité de la première et de la troisième depuis 1591 ; pourquoi les demander de nouveau? Le registre de nous fait pas connaître le résultat de la démarche.

Les cérémonies qui motivaient la réunion des confrères dans la chapelle étaient assez fréquentes ; les unes revenaient à dates fixes, les autres étaient indiquées par le prieur. Nous connaissons les jours de réunions obligatoires, ce sont : les premiers dimanches de l'avent et du carême, les six premiers vendredis de carême, le mercredi-saint, le jeudi-saint, le vendredi-saint, Pâques, la veille de la Pentecôte, le premier dimanche après la Fête-Dieu, la veille de la Saint-Jean, le jour de la Saint-Jean, la veille et le jour de l'Assomption, le jour de la décolation de saint Jean, la veille et le jour de la Toussaint, le jour des Morts.

Sur le mandement du prieur, la compagnie s'assemblait encore pour assister aux enterrements des confrères et des confréresses, pour demander la guérison des pénitents malades, pour discuter les affaires concernant les intérêts matériels et moraux de la communauté.

Les assemblées étaient annoncées au son de la cloche et par le mandataire de la confrérie. On observait, dans toutes les circonstances, la cérémonial prescrit par le règlement. Voici, par exemple, le programme de la visite des églises le soir du Jeudi-saint :

Les susdicts confraires s'estant finallement cejourd'huy à six heures du soir assemblez, et mis à genoux dans leur chapelle pour revestus de leur sac et habit, une chandelle allumée en main, et pieds nus (si commodement faire se peut) aller en procession, visiter et adorer le S. Sacrement dans les autres eglises ou chapelles de la ville ainsi qu'ils ont accoustumé de faire, celui qui porte la Croix dict la Leçon suyvante : *Fratres eamus, et quœramus etc.* Tous les confraires respondent : *Deo gratias.*

Puis les choristes entonnent les litanies du S. Sacrement mises cy-apres à la fin du present livre, disants *Kyrie eleison* et les confraires respondent et disent *Kyrie eleisson*, et ainsi continuent jusques à la fin desdites litanies, verset apres verset qu'ils recommencent et repetent pendant la susdite par fois si besoin est.

S'estans placez dans les eglises qu'ils visitent et mis à genoux devant le S. Sacrement l'estation de ladicte procession se fait comme s'ensuit.

Estation pour la susdicte procession. Les choristes ayant cessé les versets des litanies, le Prieur dict : *Christus factus est... Pater noster, etc.* que tous disent à voix basse.

Puis les choristes commencent le psalme, *Miserere mei*, qu'ils poursuivent verset apres verset jusques à la fin alternativement avec lesdits confraires, apres lequel le Prieur dit sans *Oremus* l'oraison suivante : *Respice quœsumus Domine, etc.*, mais à voix un peu plus basse, et la susdicte Oraison parachevée les choristes reprennent les versets des litanies, et tout incontinant les autres confraires vont à l'adoration deux à deux et en chantant et respondant aux versets desdites litanies suyvent la Croix et se retirent.

Dans la procession de la Lunade, qui était célébrée à Tulle le 23 juin de six à neuf heures du soir, les pénitents blancs avaient le privilège de porter la statue de leur patron ; ils constituaient son escorte.

Dès le matin, la statue était descendue de son autel et placée sur un brancard orné de draperies. Le saint, revêtu d'une aube blanche et d'un manteau de velours pourpre bordé de franges d'or, la tête couverte d'une couronne, tenait à la main un bouquet de fleurs naturelles que liait un nœud de rubans. C'est dans ce riche costume qu'il faisait, tous les ans, le *Tour de la Lunade,* porté sur les épaules de quatre pénitents.

Le vieux saint Jean, sculpté en plein bois, sans trace de raccord même pour l'avant-bras qui est tendu en avant, pouvait se passer, à l'origine, des vêtements dont on l'affuble aujourd'hui. L'artiste, en effet, avait fouillé soigneusement les plis de sa robe, détaché ses bras, ciselé sur sa poitrine un *Agnus Dei* que supporte la main gauche. La figure, les mains et les pieds nus sont peints en carnation ; la robe dorée est ornée à l'encolure et au bas d'une brillante broderie de carmin ; les manches, doublées de carmin, sont brodées de la même façon. Une longue barbe noire, taillée en pointe, descend jusqu'à l'*Agnus Dei.* Les cheveux noirs retombent sur les épaules. Le socle porte cette inscription : S. JOANNES BAPTISTA. La peinture n'a pas été faite directement sur le bois ; un tissu en fil, des plus légers, avait été collé au préalable sur la statue, afin de donner à la couleur plus d'adhérence et de finesse.

Ainsi paré par le sculpteur et par le peintre, le saint ne faisait pas mauvaise figure. L'œuvre assurément n'est pas d'un maître. On peut y relever des fautes grossières : les bras sont trop

LA STATUE DE SAINT JEAN

courts, les mains trop grandes, les pieds trop petits et trop épais ; la tête elle-même est trop forte. Mais la physionomie ne manque pas d'expression ; les traits, la bouche surtout sont d'un dessin correct ; le geste est agréable et le corps bien posé.

A quelle époque remonte cette statue ? La réponse n'est pas facile à défaut de documents, car l'œuvre n'accuse aucun style bien caractérisé. Elle est en mauvais état ; l'inscription se lit à peine ; la peinture et la dorure ont disparu en maints endroits, et le bois vermoulu tombe en poussière. L'*Agnus Dei* a été recouvert d'une plaque de fer blanc qui cache l'image primitive. Nulle date, nulle signature, nul monogramme. On en est réduit à se prononcer d'après l'aspect général, et à indiquer comme époque probable la fin du XVIe ou la première moitié du XVIIe siècle.

Dans la première moitié du XVIIe siècle deux familles de sculpteurs travaillaient à Tulle, les Mouret et les Duhamel. Les œuvres des Mouret sont assez rares, celles des Duhamel plus communes. Les unes et les autres, surtout celles des Duhamel, ont un réel mérite. On peut attribuer à l'un des membres de ces familles la statue de saint Jean-Baptiste (1).

Le 23 juin, les pénitents blancs allaient prendre la statue de leur patron dans l'église Cathédrale où elle restait exposée pendant toute l'année sur un autel consacré au Précurseur, et faisaient, avec la foule qui se pressait autour du saint, la procession de la Lunade. Ils participaient à la

---

(1) Sur les Duhamel et les Mouret, voir *La Vie à Tulle*, p. 293 et s. Le premier des Duhamel connu par ses sculptures est né en 1618. Les Mouret n'ont commencé à sculpter que peu d'années avant le milieu du XVIIe siècle.

fête générale, comme le faisait la population entière. Mais le lendemain, à cinq heures du matin, revêtus de leur costume, précédés par leur grande croix où pend une écharpe brodée, tenant à la main leurs bâtons ou leurs croix de bois, sur deux rangs, ils reprennent le même chemin que la veille, et font, eux seuls, suivant le rite propre à leur compagnie, le tour de la Lunade.

Ils étaient réunis dès quatre heures du matin dans leur église où ils ont entendu la messe. Après l'exposition du Saint-Sacrement et la récitation des litanies, ils vont à la Cathédrale devant la chapelle de leur patron, et chantent l'antienne : *Iste puer qui natus est*, *etc.* Cette prière achevée, ils sortent par la grande porte de la Cathédrale, et rangés et alignés, au rythme des versets des litanies que disent les choristes, ils commencent leur procession par la pente raide du faubourg d'Alverge. Au milieu de la côte ils s'arrêtent devant la chapelle de la Présentation de la Vierge Marie pour réciter le *Salve Regina* ; puis la confrérie repart et va, par le chemin suivi depuis plusieurs siècles, de station à station, disant des oraisons et psalmodiant les litanies de la Vierge, de saint Jean et des saints. Vers huit heures du matin, elle rentre dans son église par le faubourg du Lion d'Or, la place de l'Aubarède et le faubourg de la Barrière. Alors les pénitents prennent leur place habituelle dans la tribune et dans le chœur et, avant de se séparer, disent tous les offices du jour.

Rien n'est à signaler en ce qui concerne les devoirs des confrères envers les malades et les défunts. Nous les avons fait connaître quand nous avons parlé des pénitents bleus. Les Rituels des deux compagnies sont, pour ainsi dire, copiés l'un sur l'autre.

En se plaçant sous la direction de l'évêque constitutionnel Brival, le 26 juin 1791, la confrérie des pénitents blancs avait fait une claire adhésion aux idées nouvelles. Par cet acte d'obéissance aux lois, elle espérait se mettre à l'abri de toute tracasserie et s'assurer la protection des gouvernants. Cette concession ne devait pas prolonger son existence. Les congrégations et les confréries, toutes les institutions religieuses, l'Eglise constitutionnelle elle-même avaient des jours limités, allaient bientôt disparaître les unes après les autres dans la tourmente révolutionnaire.

Dès le mois d'avril 1792, les pénitents blancs purent prévoir le sort qui les attendait. Sous la menace d'une suppression prochaine que devaient-ils faire ? aller au-devant de la loi, partager les maigres biens de la société et se dissoudre ? ou, au contraire, ne disposer dans l'intérêt public que des objets de quelque valeur, conserver les autres, continuer de vivre, et laisser aux événements le soin de décider ? C'est à ce dernier parti que s'arrêtèrent les pénitents dans l'assemblée générale dont le procès-verbal suit :

Aujourd'huy 15e avril 1792, dans la salle des pénitens blancs de la ville de Tulle et dans une assemblée annoncée au son de la grande cloche, en presence des confreres sous signés et d'autres qui n'ont pas scu signer, un membre a exposé que les confreries étant menacées d'être supprimées, il faloit partager entre tous les confreres ce qui appartenoit à ladite confrairie. Un autre a dit que vu la pauvreté de la commune il seroit mieux de faire un don à la municipalité des effets les plus precieux et de faire vendre le reste pour secourir les confreres qui sont dans l'indigeance. La motion du dernier membre a été adoptée, et on a délibéré d'une voix unanime qu'on donnoit à la commune de la ville de Tulle deux encensoirs avec une navette en argent, un soleil d'argent, un ciboire d'argent, un calice avec sa patene d'argent, quatre chandeliers d'argent, une écharpe de satin gris garnie d'étoiles en or et de crapines en argent, quarante trois livres de cire blanche, une chasuple de damas rouge garnie d'un galon d'or avec ses accessoires (1), et que les autres effets seroient vendus lors de la suppression de lad. confrerie pour en distribuer le produit aux confreres indigents.

Dont et de tout quoy a été dressé acte de la presente deliberation pour être exécuté suivant sa forme et teneur, led. jour, mois et an que dessus.

Signé : BRIVAL *prieur*, PECHADRE, PINEAUD, LAVAL, BERAL, FLOUCAUD cadet, MARVIT, MATURIER, VERGNE, BOULE.

La délibération ne nous apprend pas le nom du confrère dont l'avis prévalut. Brival pourrait bien être l'auteur de la proposition accueillie en définitive par l'unanimité de l'assemblée. Il était évêque et prieur ecclésiastique de la confrérie, double cause d'influence. L'ambition n'avait pas éteint en lui la foi et les sentiments religieux. Il pouvait croire que le don patriotique de quelques ornements d'église lui concilierait les bonnes grâces de l'administration municipale et gagnerait en même temps à la confrérie des pénitents blancs la bienveillance et la sympathie des clubs.

Illusions vite dissipées. La confrérie ne devait plus se réunir ; elle avait tenu le 15 avril 1792, sa dernière assemblée. La délibération qu'elle prit ce jour-là et qu'on vient de lire, — sorte de testament, — est tout à son honneur.

---

(1) Manchier, secrétaire de la municipalité, a consigné sur le registre des pénitents la remise à la commune des objets énumérés ans la délibération.

Dans la dernière partie de l'étude consacrée à la confrérie des pénitents bleus nous avons exposé les circonstances qui marquèrent, au commencement du XIXe siècle, la réorganisation des congrégations et confréries religieuses en Limousin et notamment des deux compagnies de pénitents de Tulle. En s'y reportant, le lecteur trouvera le résumé des instructions ministérielles et les règlements émanant de l'évêque et du préfet, auxquels était obligée de se soumettre toute confrérie qui voulait se former. Cette partie de notre mémoire est commune aux pénitents blancs et aux pénitents bleus ; nous n'avons ici rien de particulier à ajouter.

Les renseignements qui suivent ont été pris dans le dernier registre de la compagnie, écrit des deux côtés comme les précédents, portant sur la couverture en parchemin cette mention : « Registre des délibérations », et, dans l'intérieur, ce double titre, d'un côté : « Catalogue de la confrérie des pénitents blancs de la ville de Tulle, *anno* 1807 », de l'autre : « Réception de MM. les pénitents blancs, *anno* 1807 ».

La confrérie des pénitents blancs s'était reconstituée dès les premières années du régime impérial. Elle comptait d'assez nombreux adhérents et avait élu un prieur, des syndics et des conseillers, lorsque furent publiés le mandement de l'évêque de Limoges et l'arrêté du préfet de la Corrèze règlementant les congrégations et les confréries. Elle comprit que son existence serait précaire sans une autorisation, et, pour se mettre en règle avec les autorités, adressa au maire la lettre suivante :

« Le 28 mai 1807.

» Monsieur le Maire,

» Pour répondre à la confiance que m'ont témoignée plusieurs citoyens qui désirent d'être autorisés à créer à Tulle une compagnie de pénitents blancs dans l'annexe de la paroisse Notre-Dame, pour me conformer à l'article 7 de l'arrêté de M. le général Préfet du département, je vous demande en leur nom votre agrément pour l'organisation de cette compagnie et vous prions de vouloir faire parvenir notre demande à M. le général Préfet, afin que d'après son consentement la compagnie des pénitents blancs soit autorisée à assister aux processions et aux autres cérémonies religieuses en s'y conformant exactement tant au mandement de Mgr l'évêque de Limoges portant règlement pour les compagnies des pénitens qu'à l'arrêté de M. le général préfet. J'ai, en conséquence, l'honneur de vous adresser la liste nominative des citoyens qui jusqu'à ce jour se sont fait inscrire comme membres de cette compagnie......

» Signé : Roux, prieur ; Croizy syndic ; Vialle, syndic ; Guirande aîné, conseiller ; Pourchet, conseiller (1). »

Le 30 mai 1807, M. Duval, maire de Tulle, donna l'autorisation demandée, permettant à la compagnie « d'assister dès ce jour et à l'avenir aux processions et aux cérémonies religieuses. » Quelques semaines plus tard les pénitents obtenaient de M. Brival, curé de Notre-Dame et vicaire général, le droit de « faire donner la béné-

---

(1) Sur le registre de la confrérie la copie de cette lettre porte la date du 28 avril 1807. Il faut lire *28 mai*, puisque cette lettre vise l'arrêté du préfet en date du 8 mai.

diction du Saint-Sacrement dans leur église tous les seconds dimanches de chaque mois. »

Reconnue par l'autorité et par l'administration diocésaine, la confrérie prit possession de son ancienne chapelle et établit l'inventaire que nous transcrivons :

Inventaire que nous avons fait dans l'eglise, le 5 juillet 1807 en présence des sieurs Roux prieur, Croizy et Vialle syndics, et les sieurs Piaubert et Lafon sacristain :

Un ornement noir, neuf, complet.
Un idem noir, demi usé.
Un idem noir, manquant de l'étole et la bourse.
Un idem fond blanc avec fleurs violettes et vertes.
Un idem avec la croix blanche et violette.
Un idem de toutes couleurs.
Un idem rouge, complet.
Un idem, complet, de toutes couleurs.
Deux missels parisiens, dont un couvert de rouge l'autre en gris.
Un cahier de missel pour les morts.
Une bourse.
Deux étoles usées.
Vingt-quatre purificatoires usés.
Quatorze lavabos.
Trois amics.
Une toilette de dentelle commune.
Une idem, garnie de mousseline usée.
Deux toilettes pour le tronc.
Une lampe en cuivre.
Quatre chandeliers en cuivre.
Quatre chandeliers en fer blanc.
Six idem en bois.
Deux croix de cuivre dont une argentée.
Six lustres en bois.
Huit mauvais fauteuils.
Un mauvais prie-Dieu.
Un mauvais tapis pour l'autel.

L'action de grâce.

Une pelotte pour mettre les épingles.

Quatre petites cloches bonnes ou mauvaises.

De là sommes entrés dans une des chambres que nous avons trouvée avec un très mauvais plancher et un mauvais lambris auquel il manque beaucoup de planches. Nous avons trouvé dans ladite chambre un mauvais horeloge manquant de plusieurs pièces ; il y a trois poids en pierre.

Nous sommes entrés dans la salle d'assemblée où nous avons trouvé une grande croix avec son Christ ; Deux placards sans limandes ni serrures ; Manquant dans ladite salle de bancs, deux contrevents et de plusieurs carreaux de vitres, et des planches au plafond.

Dans la tribune il manque plusieurs planches au plafond, cinq contrevents, et les croisées manquantde toutes ses vitres ; il manque un côté de croisée. Les murs ayant besoin de recrépir, et un torchis en plusieurs endroits tout le tour de la tribune.

De là nous sommes entrés dans la chambre du Courrier, laquelle nous avons trouvée en fort mauvais état, ayant besoin de faire élever la cheminée, faire recrépir le tour des murs ; la croisée sans contrevents n'étant fermée que par une grille en bois ; le mur de l'escalier décrépit ; la croisée de l'escalier qui donne sur l'autel manquant de plusieurs carreaux de vitres.

La toiture ayant besoin de grandes réparations ainsi que le clocher, pleuvant dans beaucoup d'endroits.

Il y a une petite cloche qui est fêlée, pesant environ un quintal.

Il manque dans la sacristie, à la porte où l'on met la fontaine, un parevent et des crampons et une serrure, des limandes à l'armoire, gonds et serrures, et un crépissage tout le tour du mur.

De tout quoi avons clos ledit inventaire en présence des soussignés, le jour, mois et an que d'autre part.

Roux, prieur ; Croizy, syndic ; Vialle, syndic ; Guirande ainé et Pourchet, conseillers.

Il résulte de cet inventaire que la confrérie était rentrée en possession de quelques uns des objets mobiliers qui lui appartenaient avant la Révolution et qu'elle avait remplacé les ornements religieux et les vases sacrés donnés à la commune le 15 avril 1792. Mais l'église et ses dépendances étaient en mauvais état ; la toiture laissait passer l'eau ; les fenêtres n'avaient ni vitres ni contrevents ; la cloche était félée. Des réparations étaient urgentes, il fallait donc se procurer tout de suite des ressources.

Dans sa première réunion, le 9 août 1807, la confrérie élabore un règlement intérieur qui vient s'ajouter au règlement général de l'évêque. Elle se montre inexorable pour le pénitent qui ne paye pas exactement le droit de réception ; un simple retard de six mois le fait considérer comme démissionnaire, et la compagnie n'assiste pas à ses obsèques. Elle imagine un droit de réception *in extremis* qui pourra donner quelques profits à la caisse ; un postulant pourra être agrégé à son lit de mort, et la compagnie sortira pour son enterrement moyennant un droit de réception de trente francs payable le jour même de la cérémonie.

L'année suivante elle fixe à soixante francs, pour la première classe, et à trente francs, pour les autres classes, le droit d'assistance aux funérailles des personnes qui n'appartiennent pas à la confrérie.

En même temps qu'elle crée des ressources, elle complète son organisation. Il lui faut un courrier pour convoquer les confrères qui doivent assister aux assemblées générales et aux enterrements ; elle lui alloue, en outre du logement, dix écus de gage et cinq sols à la réception de chaque confrère et confréresse [1]. Elle décide que l'élection des officiers aura lieu tous les ans le 26 juin ; que les syndics sortants rendront compte de leur gestion le 2 juillet en présence de l'ancien et du nouveau prieurs ; qu'aux enterrements des confrères et confréresses assistera une délégation de trente pénitents ; qu'il sera nommé quatre visiteurs chargés d'assister les malades et les pauvres honteux de la compagnie ; qu'enfin il ne sera engagé aucune dépense extraordinaire sans l'agrément des syndics et « si le cas l'exige » sans une délibération de l'assemblée [2]. Le 8 mai 1808, elle désigne quatre visiteurs et six préfets de modestie ; ces derniers, choisis parmi les membres les plus dévoués de la compagnie, doivent donner l'exemple de l'exactitude, de la piété, et stimuler le zèle de leurs confrères.

C'est que le zèle et l'exactitude n'étaient pas des vertus communément pratiquées par les pénitents. Le 26 juin 1808, ils se rendirent en si petit nombre à l'assemblée générale que l'élection des dignitaires ne pût avoir lieu. Plusieurs autres réunions furent vainement annoncées ; enfin, le 4 septembre suivant, l'assemblée se constitua et nomma son Conseil.

Furent élus :

Prieur, M. Roux ;

Auditeurs des comptes : MM. Seguy aîné et Ménager ;

Syndics, MM. Bancaud et Jolibert ;

Conseillers, MM. Albier père, Goujon, Ménager, Seguy aîné, Monteil père, Chastang père, Vialle, Reignac et Lagarde ;

Secrétaire, M. Ménager ;

---

(1) Délibération du 9 août 1807.
(2) Délibération du 6 septembre 1807.

Sacristains, MM. Puyaubert, Bonnefond, Chastang père.

M. Roux avait prié ses confrères de ne pas le maintenir à leur tête. Il s'inclina devant leur volonté. Depuis la reconstitution de la confrérie, il avait assumé toutes les charges, toutes les responsabilités. C'est lui qui avait dirigé les réparations faites à l'église, acheté le mobilier indispensable. C'est lui qui remplissait la tâche des syndics, faisait rentrer les fonds et payait les dépenses. Le compte de sa gestion, rendu le 25 juin 1809, établit un total de recettes de deux mille cinq cent trente six francs douze sous, et un total de dépenses de deux mille six cent trente-six francs sept sous.

De longtemps la confrérie ne pouvait espérer des recettes aussi importantes. Lors de sa réorganisation, en effet, chaque adhérent avait payé un droit d'entrée. Dans les années suivantes ce droit ne serait payé que par les membres, beaucoup moins nombreux, qui se feraient affilier. Les réceptions, qui avaient été au début la principale source de revenu, allaient devenir, dans la suite, un produit aléatoire sur lequel il ne faudrait pas trop compter. En 1808, les réceptions des hommes donnèrent sept cent soixante-quatorze francs, et celles des femmes deux cent seize francs. En 1899 déjà nous ne trouvons plus que soixante-cinq francs pour les premiers et trente-un francs dix sous pour les secondes. Le devoir ou cotisation annuelle avait produit soixante et onze francs en 1808 ; il donna en 1809, pour les hommes cinquante-six francs quatorze sous, et pour les femmes trente-un francs quatre sous.

L'ancienne cloche félée avait été remplacée par une nouvelle, plus grande, qui avait coûté cinq cent quatre-vingt-douze francs d'achat et soixante-sept francs de montage. Les cadeaux du parrain et de la marraine, une souscription et des quêtes avaient permis de payer la moitié de cette dépense exceptionnelle.

La caisse était alimentée par des dons, par le produit du tronc, par le droit d'assistance aux enterrements et le droit de porter la croix et le dais.

Dans les articles de dépense nous voyons figurer la fête de la compagnie célébrée le 11 juin 1809. La note, s'élevant à soixante et onze francs neuf sous, comprend notamment un déjeûner pour les chantres et les abbés, le tir des boîtes, le son de la grand'cloche, et « la garde d'honneur de la compagnie de la réserve. »

L'administration de M. Roux avait été profitable à la compagnie ; aussi, dans l'asssemblée générale du 3 septembre 1809, M. l'abbé Graviche, chanoine honoraire, lui adressa de justes éloges, et ses confrères le maintinrent encore une fois dans les fonctions de prieur laïque.

M. Graviche était le délégué de l'abbé Brival, vicaire général, et présidait les réunions de la confrérie en qualité de prieur ecclésiastique. C'est lui qui fit voter par l'assemblée, le 17 septembre 1809, la construction d'une chaire pour l'église des pénitents blancs, « de mêmes proportions que celle de l'église paroissiale de Notre-Dame ». Deux menuisiers, membres de la confrérie, se chargèrent de ce travail moyennant la somme de deux cents francs.

Son nom reste attaché à une œuvre plus considérable. La Révolution avait détruit la croix en fer forgé, élevée par les pénitents sur le Champ de Mars ; l'abbé Graviche fut le promoteur de l'érection d'une nouvelle croix sur le même emplacement. Le procès-verbal de la séance du 29 avril 1810 relate, en ces termes, sa proposition :

Aujourd'hui vingt neuf avril mil huit cent dix, sur la demande de plusieurs confrères de la compagnie de MM. les pénitents blancs, tendant à faire convoquer une assemblée extraordinaire pour délibérer sur divers objets qui intéressent la compagnie ; MM. les prieurs et syndics pour se conformer à l'arrêté de M. le préfet du Département de la Corrèze, ont prévenu M. le maire de la ville de Tulle du dessein où ils étaient d'assembler la compagnie et l'ont prié de vouloir bien se rendre à leur assemblée indiquée pour ce jourd'hui à une heure après midi dans la salle ordinaire de leurs assemblées. M. le Maire, prévenu des sujets sur lesquels la compagnie avait à délibérer, a répondu qu'il ne pourrait pas se rendre à l'assemblée indiquée, qu'il était convaincu que tout s'y passerait dans l'ordre et la décence convenables. MM. les prieurs et syndics ont fait invitation à tous les confrères, par le ministère du courrier de la compagnie et au son de la cloche, de se rendre à ladite assemblée à l'heure indiquée et dans le lieu désigné pour cela.

M. Graviche, prêtre, prieur ecclésiastique de la compagnie et tenant la place de M. le curé de Notre-Dame, accompagné de MM. Roux, prieur laïque, Bancaud, syndic et Seguy aîné trésorier, et de plusieurs autres confrères, s'est rendu dans la salle des assemblées et à l'heure désignée, et après avoir invoqué les lumières du Saint-Esprit par une courte prière, il a invité tous messieurs les confrères à prendre place et a présenté que la fureur révolutionnaire ayant fait disparaître la belle croix en fer doré que l'ancienne compagnie des pénitents blancs avait fait ériger comme un monument de sa piété et où la compagnie allait faire son adoration publique le vendredi saint de chaque année et le jour de l'exaltation de sainte Croix le 14 septembre, plusieurs confrères zélés avaient manifesté un grand désir de voir rétablir ce monument religieux.

Ainsi présentée, la proposition de M. Graviche

fut acceptée à l'unanimité. L'assemblée décida en outre l'acquisition de « six bâtons surmontés d'un couronnement pour servir aux processions », de six grands flambeaux pour la décoration de l'autel, enfin d'un costume « brillant » pour le courrier. L'exécution de ces projets fut confiée à douze confrères zélés, MM. Borie aîné, Borie jeune, Chastang père, Borie garde-magasin, Vauzanges cadet, Jarrige huissier, Neuville propriétaire, Ferrières, Vialle, Baluze, Champ et Cluzan fils. On se procura les premières ressources au moyen d'une souscription à laquelle prirent part tous les confrères présents.

Le travail dura près de deux ans. Il fallut recourir plus d'une fois à la générosité des confrères et des personnes pieuses. L'abbé Graviche exhorta « les fidèles à faire des sacrifices selon leurs facultés pour fournir aux dépenses nécessaires dans lesquelles la compagnie était engagée » ; il leur faisait entrevoir « la pieuse satisfaction d'avoir érigé à la gloire de la religion un monument qui attestera leur zèle et leur piété [1] ». La plantation de la croix eut lieu solennellement le 22 mars 1812. A cette occasion l'évêque de Limoges accorda des indulgences à ceux qui auront contribué par des offrandes à son érection ou qui assisteront à sa bénédiction ou enfin qui feront quelques prières à genoux devant elle.

Pendant trois quarts de siècle la croix des pénitents blancs, monument de fer artistement forgé, œuvre d'habiles ouvriers de Tulle, est restée debout à l'entrée du Champ de Mars, au bas de la rampe qui conduit à l'ancienne chapelle de la confrérie. Les processions passaient devant elle,

(1) Procès-verbal de la réunion du 7 octobre 1810. Voir aussi les délibérations de 1812 à 1813.

et les bataillons évoluaient autour. Sous le prétexte qu'elle gênait la circulation publique ou la liberté de penser, une municipalité a ordonné son enlèvement. Elle a été transférée dans le cimetière, au point culminant du Puy-Saint-Clair, d'où elle domine la ville.

La confrérie avait péniblement fait face à ses engagements ; elle était obérée. Son conseil s'appliqua alors à relever ses finances, prit des mesures rigoureuses contre les membres qui ne payaient pas leurs cotisations, fit rentrer des devoirs arriérés, reçût quelques dons. En 1818 la situation était assez améliorée pour que la société pût se lancer dans une dépense nouvelle. Elle commanda au sculpteur Roche une croix processionnelle, et à la dame Brun une écharpe en point de Tulle pour orner cette croix. Un procès-verbal nous fait connaître les conditions de ce double marché :

Aujourd'hui vingt septembre mil huit cent dix huit, le conseil légalement convoqué et sous la présidence de M. Chastang, vicaire à Notre-Dame, qui a de suite mis sous les yeux des membres dudit conseil le but de leur convocation, consistant, 1° à se procurer une écharpe pour la croix, 2° à acheter 6 sacs pour donner aux confrères qui n'en sont pas nantis, lesdits sacs devant toujours rester en dépôt dans la salle du conseil et sous la surveillance de MM. les syndics ; 3° enfin d'avoir une croix assortissant à ladite écharpe.

Après avoir discuté sur le premier chef, il a été arrêté qu'il serait fait une écharpe en réseau point de Tulle par la dame Brun, qui a acquiescé aux conditions détaillées ci-après. Ladite dame s'oblige et s'engage de faire ladite écharpe d'ici au jeudi saint prochain, de lui donner la longueur de six aunes et demi et la largeur de demi-aune et de la confectionner suivant le modèle qui lui a été délivré, pour le prix et somme de 160 francs.

Sur le second chef il a été reconnu, d'après de longs débats, qu'il serait incessamment acheté 6 sacs aux frais et dépens de la confrérie et que lesdits seraient mis à la disposition seulement de MM. les syndics.

Enfin la discussion s'est élevée sur le troisième chef, et le conseil, après avoir mûrement pesé les observations de plusieurs membres, a délibéré qu'il serait fait une croix dont les dimensions et proportions seront relatées dans le prix-fait passé entre le sieur Roche et ledit conseil qui a stipulé au nom et pour ladite confrerie, moyennant la somme totale de 90 frs qui sera comptée audit Roche lors de la confection et après avoir été agréée par les commissaires nommés à cet effet. Sont nommés commissaires MM. Champ, Plantade, Vialle et Maturier.

Dans une précédente étude [1] nous avons donné la description de l'écharpe en point de Tulle commandée par les pénitents blancs. La confrérie la gardait soigneusement, comme un tissu précieux et ne l'étendait sur la croix que pour les processions solennelles. Supportée par trois baguettes, dont l'une était placée au haut de la croix et les deux autres à l'extrémité de chaque bras, elle formait, une sorte d'auvent au-dessus du Christ, et retombait à droite et à gauche presque jusqu'à terre. La partie flottante de la bande est la plus richement brodée : des fleurons, des rinceaux, l'image de saint Jean, le nom des deux dentelières qui ont collaboré à cet ouvrage, la dame Fage veuve Brun et la demoiselle Brun, sa fille, enfin la date, 1818.

Cette importante pièce de dentelle, seul échantillon connu du point de Tulle, est encore en bon état ; quelques mailles à reprendre, quelques

(1) *Le Point de Tulle*. Tulle, Crauffon, 1882. Voir aussi *Bulletin de la Société des Lettres, Sciences et Arts de la Corrèze*. 1882, p. 115 et s.

Echarpe en Point de Tulle de la Croix des Pénitents blancs

(Cliché communiqué par la revue *La Dentelle*)

accrocs à réparer, et elle semblerait neuve. Elle a été faite à une époque où la tradition des ateliers du XVIIe et XVIIIe siècles n'était pas encore perdue, où l'on pouvait encore se procurer des réseaux anciens et en suivre la façon. Nous pouvons donc la considérer comme une reproduction exacte du point de Tulle qui eut son moment de vogue à la cour de Louis XIV, et à ce titre un véritable intérêt s'attache à sa conservation.

Un inventaire du 27 septembre 1822 nous prouve que la confrérie possédait à cette époque plusieurs pièces en point de Tulle. Nous y relevons, en effet, les trois articles suivants :

« Un dais, avec sa garniture complète en broderie, dentelle, réseau, plumet et trône, le tout coûtant six cent soixante quatorze francs.

» Trois écharpes, dont une en réseau et l'autre en mousseline brodée et une pour les morts en crêpe, cent quatre-vingt dix francs.

» Un tour de dais en réseau brodé (quatre aunes), cent cinquante francs. »

Peut-être pourrait-on retrouver encore, dans les cartons et les armoires où sont entassées pêle-mêle les défroques de la confrérie, les deux garnitures du dais en point de Tulle.

De 1807 à 1830 la confrérie des pénitents blancs, malgré quelques périodes difficiles, suivit régulièrement sa voie, sut éviter tous démêlés avec les autorités civiles et religieuses, n'eût sa quiétude troublée par aucun incident fâcheux.

Elle disparaît pendant le gouvernement de Juillet. Du 12 juillet 1830 au 24 septembre 1848, le registre ne mentionne ni réunion ni acte quelconque. Vit-on aux processions ou aux enterrements les sacs blancs des pénitents ? Nous n'avons pu nous en assurer ; mais administrativement elle était comme morte, sans prieur et sans conseil.

Le 24 septembre 1848, la confrérie se réunit sous la présidence du curé de Notre-Dame. Son conseil est ainsi composé :

Prieur laïque, M. Jarrige de Lamazorie ;

Sous-prieur, M. Maturier ;

Caissier, M. Plantade ;

Sous-caissier, M. Pinardel ;

Syndics, MM. Vidal père, Charissou, Laforêt et Laporte.

Nouvelle interruption dans la tenue du registre, et peut-être aussi dans le fonctionnement de la société. Mais à partir du 13 mars 1851 les séances ont lieu régulièrement et les procès-verbaux plus détaillés, donnent des renseignements sur les divers actes de la confrérie, sur la communion pascale qui est faite en corps à la Cathédrale, sur la visite des églises le jour du Jeudi saint.

Le 27 avril 1851, le conseil prend deux déterminations importantes : il soumet à un postulat de quelque durée ceux qui voudront être admis dans la confrérie « afin qu'en soient dorénavant éloignés ceux qui ne voudraient point respecter les statuts et satisfaire à la communion annuelle prescrite par l'Eglise. » De plus il offre aux confrères et anciens confrères qui ne se rendent pas aux réunions parce qu'ils sont en retard dans l'acquittement de leur devoir « une amnistie par laquelle ils peuvent rentrer gratis à condition toutefois qu'ils se montreront zélés à assister aux processions ou enterrements auxquels ils seront convoqués. »

Il fait de la propagande, cherche à attirer de nouveaux membres, à recruter des confréresses. Il décide, le 3 octobre 1852, « que dorénavant les confréresses qui auront payé leurs devoirs annuels, auront part, comme les confrères, à l'article xve du règlement, c'est-à-dire qu'on fera pour elles un service le premier jour de libre après leur décès. »

Tous les trois ans la confrérie procède à l'élection de ses officiers. M. de Lamazorie, qui est maintenu prieur, et M. Gorse, avocat, qui est nommé sous-prieur, donnent à l'œuvre un véritable élan. En 1856 la caisse commune, grossie il est vrai par des dons et quelque emprunt, peut payer la réfection du pavé de l'église dont le coût s'élève à onze cent douze francs.

Au cours de cette période prospère un événement se produisit qui détermina une véritable révolution dans la confrérie. M. Lalitte, vicaire général, jouissant des bonnes grâces de Mgr Berteaud, prêtre plein de zèle et très dévoué aux œuvres, établit ou restaura en 1857 une congrégation de filles dans la chapelle des pénitents blancs. Cette chapelle, qui allait être érigée, l'année suivante, en église paroissiale sous la dédicace de Saint-Jean-Baptiste, avait été considérée jusqu'alors comme la propriété des pénitents. Après l'avoir réparée et meublée, ils y célébraient leurs offices, y tenaient leurs assemblées, y logeaient leur courrier. M. Lalitte voulut la rendre commune à la confrérie des pénitents blancs et à la nouvelle congrégation des filles. Il fit déplacer des bancs, établir un devis des travaux nécessaires, et réglementa la contribution des deux compagnies aux frais d'entretien de la chapelle.

L'entreprise du vicaire général causa le plus vif émoi dans la confrérie. Une assemblée de tous les membres immédiatement réunie, arrête la délibération suivante :

Art. 1er. — La confrérie rejette toutes réparations proposées par M. Lalitte, sont regardées comme inutiles à notre chapelle. Il sera fait opposition si on veut intervenir d'après la décision qui vient d'avoir lieu.

Art. 2e La salle reste libre, et ne s'ouvrira qu'aux besoins de la confrérie.

Art. 3e — Les dépenses des messes ou cérémonies de la semaine sont à la charge des congréganistes. Les pénitents se retirent de toutes dépenses et s'engagent qu'à fournir l'huile pour la lampe ; ils se réservent les dimanches et jours de fête à leur profit.

Art. 4e — Tous les meubles ou immeubles appartenant à la confrérie ne serviront qu'aux besoins de ladite confrérie.

Art. 5e — Pour les droits des chaises il reste entièrement à la confrérie.

Art. 6e — Notre fabrique soit en enterrement, devoirs, quêtes et chaises, ne doit sortir de la confrérie.

Art. 7e — Le banc des filles du chœur de cantiques sera déplacé et replacé à un endroit indiqué par le conseil.

Art. 8e — Les deux bancs des syndics seront replacés dans le chœur.

Art. 9e — Le courrier, étant content de lui pour son bon zèle et devoir, reste dans les logements qui lui sont indiqués.

Fait, le 3 avril 1859. Ont signé tous les pénitents, séance tenante, et ceux qui ne savent pas signer déclarent faire une croix.

Cette décision ne fut pas prise sans un débat animé. Les partisans d'une conciliation possible furent en minorité. Il résulte, en effet, de la forme incorrecte du procès-verbal que les dignitaires, les scribes qui rédigeaient d'ordinaire les délibérations, ont refusé de s'associer à celle du 3 avril ; ils se sont retirés après avoir protesté. Tous les autres, comme pour donner plus de fermeté à leur attitude, ont apposé leur signature ou une croix sur le registre.

Qu'allait faire l'autorité épiscopale devant cette levée de boucliers ? M. Lalitte, qui se savait soutenu par l'évêque, demanda à Mgr Berteaud, dans un rapport du 4 juillet 1859, la dissolution de la confrérie. Dès le lendemain l'évêque fit droit à sa demande, annula la délibération du 3 avril et chargea le vicaire général de l'exécution de son ordonnance.

Une commission composée de MM. l'abbé Mary, de Lamazorie, Gorse, Fargearel, Eyrolle, Laval et Jaucent, fut instituée, le 10 juillet, pour jeter les bases d'une confrérie nouvelle et recruter des adhérents. Quelques pénitents se firent inscrire aussitôt. Avant la fin de l'année la confrérie comptait soixante-cinq membres.

On était à peine sorti de cette crise, lorsque la paroisse de Saint-Jean-Baptiste fut constituée. La chapelle des pénitents étant devenue l'église paroissiale, l'autel de Saint-Jean, situé dans le bas-côté de gauche, servit d'autel à la confrérie. Les curés successifs remplirent les fonctions de prieur ecclésiastique. MM. Gorse et Dufour furent nommés prieur et sous-prieur laïques. Il semble résulter d'une délibération en date du 12 septembre 1867 que les officiers majeurs, prieur, sous-prieur assistant, trésorier et sous-trésorier, étaient désignés par l'évêque, et les syndics élus par l'assemblée générale.

Le recrutement de la société se fit comme par le passé ; les personnes pieuses des deux sexes y étaient reçues. Une décision du 19 avril 1863 autorisa l'admission des enfants qui auraient fait leur première communion. En 1868 et 1869 les procès-verbaux constatent l'admission de quelques confréresses.

Pendant cette dernière période de l'existence de la confrérie un seul fait est à signaler. M. l'abbé Pallier, curé de la paroisse et prieur ecclésiastique, ayant obtenu une parcelle du crâne de Saint-Jean-Baptiste, l'ostension de cette relique fut l'occasion d'une imposante cérémonie religieuse. Le 27 août 1865, la confrérie des pénitents blancs, la congrégation des Enfants de Marie, le clergé et les fidèles assistèrent à une procession à la suite de laquelle la relique fut placée au-dessus du tabernacle de l'autel de la confrérie. Le soir, après les vêpres, Mgr Berteaud monta en chaire et prononça un sermon dont M. Pallier nous a laissé le résumé suivant :

Mgr rendit d'abord hommage à la sainte relique, portion de cette tête tombée sous la hache pour avoir gardé intact le dépôt des vérités dont elle était le sanctuaire, véritable citadelle qu'on pouvait abattre mais qu'on ne pouvait surprendre tant qu'elle restait debout. Il proclame l'authenticité de cette petite portion du grand précurseur, recherchée jusqu'au delà des mers par un prêtre pieux, recueillie avec zèle et apportée avec amour pour sa chère paroisse par M. le curé. Le nom de Jean, dit-il, signifie grâce. C'est qu'en effet Jean-Baptiste fût gracieux dans sa conception miraculeuse, gracieux à travers la cloison de chair où il tressaillit, gracieux en sa nativité, gracieux au désert ou il prêchait la pénitence, gracieux sur les bords du Jourdain où il montrait l'agneau de Dieu, gracieux en sa vie, surtout gracieux en sa mort.

Après quelques passages de l'évangile du jour qui était le 12e dimanche après la Pentecôte, appropriés à la circonstance en forme d'homélie, Mgr félicite l'église de Saint-Jean-Baptiste de la gloire nouvelle qu'elle acquérait, et s'adressant aux membres des deux confréries qui s'y réunissent, il mêle les éloges et les conseils.

Aux confrères pénitents il montre le Christ crucifié comme

leur véritable bannière, l'agneau divin qu'avait montré leur saint patron. Il leur explique le symbole de leur sac de pénitent et du voile qui couvre leur tête, en se servant des paroles de Tertullien et rappelant l'usage des premiers chrétiens qui revêtaient de blanc, de la tête aux pieds, les nouveaux baptisés, pour leur indiquer la pureté et la simplicité de la vie chrétienne.

Aux filles pieuses de la congrégation de Marie, qu'un saint et célèbre prédicateur du dernier siècle fonda et établit dans cette église, il représente les motifs d'une dévotion particulière à saint Jean-Baptiste qui avait été honoré, dès le commencement de son existence, des visites de la très-sainte Vierge, sa parente, sur les genoux de laquelle il était permis de supposer qu'il avait été bercé bien des fois.

Enfin Mgr souhaite que l'Agneau de Dieu, Notre-seigneur Jésus Christ, soit beaucoup connu, aimé par dessus tout dans la paroisse du prophète qui le montra du doigt aux juifs rassemblés, et qui, par son intervention incessante, continue à le prêcher dans les âmes et à le montrer pour ainsi dire. »

La confrérie des pénitents blancs eut encore une dizaine d'années d'activité. Elle rentra en possession de son ancien droit d'élire ses officiers. Son dernier conseil fut composé de :

MM. l'abbé Bourgeade, prieur honoraire ;
Gorse, avocat, prieur ;
Dufour, sous-prieur ;
Feix, premier assistant ;
Laval, trésorier ;
Bru, vice-trésorier.

Le registre des délibérations s'arrête au 23 août 1874.

TABLE DES MATIÈRES

GRAVURES

DU MEME AUTEUR

Excursions limousines, Ire série (Brive, Aubazine, Cornil, Tulle). — Tulle, Crauffon, 1871, 1 vol. in-8°. (Epuisé).

Excursions limousines, IIe série (de Tulle à Ussel et à Eygurande). — Tulle, Crauffon, 1880, 1 volume in-8°.

Excursions limousines, IIIe série (d'Eygurande à Largnac), — Tulle, Crauffon, 1883, in-8°.

Restauration du Cloître de Tulle. (Notes historiques). — Tulle, Crauffon, 1873, brochure in-8°. (Epuisé).

Id. — 3e édition, dessins de M. E. Rupin et Note de M. Ph. Lalande. — Brive, Roche, 1879, in-8°.

Quelques Procès limousins devant le Parlement de Bordeaux. — Tulle, Crauffon, 1877, 1 vol. in-8°.

La Maison de Ségur, son origine, ses vicomtes. — Limoges, Chapoulaud frères, 1878, brochure grand in-8°.

Note pour servir à l'histoire de l'Imprimerie à Tulle. — Tulle, Crauffon, 1879, brochure in-8°.

La Maison de l'Abbé à Tulle, eau forte de M. P. Cappon. — Tulle, Bossoutrot, 1879, brochure in-4°.

L'Inondation de Saint-Roch à Tulle (16 août 1756). — Tulle, Crauffon, 1880, brochure in-8°.

La Numismatique limousine à l'Exposition universelle de 1878. — Limoges, Chapoulaud frères, 1880, brochure grand in-8°.

Notice bibliographique sur Eustorg de Beaulieu. — Tulle, Crauffon, 1880, brochure in-8°.

Une Ancienne Justice : la Cour d'Appeaux de Ségur. — Limoges, Chapoulaud frères 1880, 1 vol. grand in-8°.

Guillaume Sudre, cardinal limousin, avec portrait et eau-forte de M.-E. Rupin. — Brive, Roche, 1880, brochure in-8°.

Les Epitaphes du Cloître de Saint-Martin de Brive. — Tulle, Crauffon, 1881, brochure in-8°.

Jean-Joseph Dumons, peintre d'histoire (1687-1779). — Tulle, Crauffon, 1881, brochure in-8°.

Dissertation d'Etienne Baluze sur saint Clair, saint Laud, saint Ulfard et saint Beaumade. — Tulle, Crauffon, 1881, brochure in-8°.

Les Œuvres de Baluze, cataloguées et décrites. — Tulle, Crauffon, 1882, 1 volume in-8°.

Un Épisode de la Fronde en Province ; Tentative de translation à Limoges du Parlement de Bordeaux. — Limoges, Chapoulaud frères, 1882, brochure in-8°.

Le Point de Tulle. — Tulle, Crauffon, 1882, brochure in-8°.

Liste des Châteaux du Diocèse de Limoges avant 1789, suivie d'une liste complémentaire par M. Gaston de Lépinay. — Brive, Roche, 1882, brochure in-8°.

Le Château de Puy-de-Val, description et histoire, avec dessin et chromolithographies. — Tulle, Crauffon, 1883, brochure in-8°.

Molière et les Limousins. — Limoges, Ducourtieux, 1883, brochure petit in-8°.

Id. — 2e édition. augmentée. — Limoges, Ducourtieux, 1884, brochure in-8°.

Lettres inédites de Baluze à M. Melon du Verdier, publiées avec une Introduction et des notes. — Tulle, Crauffon, 1883, 1 vol. in 8°.

Complément des Œuvres de Baluze, cataloguées et décrites. — Tulle, Crauffon, 1884, brochure in-8°.

Les Anglais à Tulle ; La Lunade. — Limoges, Barbou, 1885, brochure in-8°.

Les Bataillons de Volontaires du Limousin. — Limoges, Barbou, 1885, brochure in-8°.

Deux Lettres de Mascaron à Mlle de Scudéry. — Tulle, Mazeyrie, 1885, brochure in-8°.

Notes sur un Pontifical de Clément VI et sur un Missel dit de Clément VI, conservé à la bibliothèque de Clermont. — Tulle, Crauffon, 1885, brochure in 8°.

Le Tombeau du Cardinal de Tulle, à Saint-Germain-les-Belles. — Limoges, Ducourtieux, 1885, brochure in-8°.

Les Origines de Tulle. — Tulle, Crauffon, 1885, broch. in-8°.

Les Fortifications de Tulle, avec un plan. — Tulle, Crauffon, 1885 — (2e édition, augmentée, 1886), — brochure in-8°.

Notice bibliographique sur Pierre de Besse (faisant suite à Pierre de Besse, notice littéraire et biographique, par MM. Emile Fage et le docteur Longy). — Tulle, Crauffon, 1886, brochure in-8°.

Quelques Procès limousins aux Grands Jours de Poitou (1567-1635). — Limoges, Ducourtieux, 1886, br. in-8°.

Une Boutique de Marchand à Tulle au XVIIe siècle. — Tulle, Crauffon, 1886, brochure in-8°.

Le Château ou Fort Saint-Pierre. — Tulle, Crauffon, 1886 brochure in-8°.

La Tour Prisonnière dite Tour de Maysse. - Tulle Crauffon, 1886, brochure in-8°.

La Tour de la Motte. — Tulle, Crauffon, 1886, br. in 8°.

La Porte Chanac à Tulle, avec deux dessins. — Tulle, Crauffon, 1886, brochure in 8°.

La Place publique de Tulle. — Tulle, Crauffon, 1886, brochure in-8°.

Une Visite à Obazine en 1712. — Brive, Roche, 1886, brochure in-8°.

Un Atelier de Dentelles à Tulle au XVIIIe siècle. - Tulle, Crauffon, 1887, brochure in-8°.

Le Collège de Tulle, avec un dessin et des pièces justificatives. — Tulle, Crauffon, 1887, brochure in-8°.

La Grande Maison de Loyac, avec deux dessins. — Tulle, Crauffon, 1887, brochure in-8°.

Notice sur les Travaux de M. Edouard Lamy de La Chapelle. — Limoges, Ducourtieux, 1887, brochure in-8°.

La Cathédrale et le Cloître de Tulle, avec plusieurs dessins. — Tulle, Crauffon, 1888, brochure in-8°.

Les Couvents d'Hommes à Tulle, avec un dessin. — Tulle, Crauffon, 1888, brochure in-8°.

Les Couvents de Femmes à Tulle, avec un dessin. — Tulle, Crauffon, 1888, brochure in-8°.

Un Jurisconsulte briviste : Antoine Mailher de Chassat. — Brive, Roche, 1888, brochure in-8°.

Le Vieux Tulle, avec des dessins de MM. Ch. Bernard, P. Cappon, G. Forestier, E. Rupin, M. Soulié et J. Tixier. — Tulle, Crauffon, 1888, un fort volume in-8°.

A. de Larouverade. — Limoges, Ducourtieux, 1889, brochure in-8°.

Le Théâtre au Collège : Répertoire de M. H. Baju. — Limoges, Herbin, 1890, brochure in-8°.

François-Emile de Lansac, peintre d'histoire, de genre et de portraits, 1803-1890. — Tulle, Crauffon, 1890, broch. in-8°.

Id. — 2e édition. — Tulle, ve Lacroix et Moles, 1890, brochure grand in-18.

Le Diocèse de la Corrèze pendant la Révolution, 1791-1801. — Tulle, Crauffon, 1890, vol. in-18.

En Limousin, album de dessins, texte par René Fage. — Limoges, Ducourtieux, 1891, in-4°.

Oleron, impressions de vacances. — Tulle, Crauffon, 1891, un volume in-18

La Prise de Tulle et son occupation par l'armée du vicomte de Turenne, 1585-1586. — Tulle, Crauffon, 1891, un vol. in-8°,

Etat des Etudes historiques et archéologiques dans le département de la Corrèze. — Caen, Delesque, 1892, broch. in-8°.

Les Etats de la Vicomté de Turenne. — Paris, Alphonse Picard et fils, 1894, 2 vol, in-8°.

Pierre et Jean-François Guitard, Annet Bleygeat, maîtres-imprimeurs. — Limoges, v^e^ Ducourtieux, 1894, br. in-8°.

Alexandre Nourry-Grammont. — Limoges, v^e^ Ducourtieux, 1895, brochure in-8°.

Dictionnaire des Médecins du Limousin (Corrèze et Haute-Vienne) jusqu'à la fin du XVIIIe siècle. — Tulle, Crauffon, 1895, 1 vol. in-8°.

Etienne Bleygeat, François Varolles, maîtres-imprimeurs ; les frères Delbos, fondeurs en caractères. — Limoges, v^e^ Ducourtieux, 1895, brochure in-8°.

Un chapitre inédit de l'Histoire du Collège de Tulle, 1790-1792. — Tulle, Crauffon, 1896, brochure in-8°.

Wolpmann et Rossignol, Introduction de l'imprimerie à Ussel. — Limoges, v^e^ Ducourtieux, 1896, brochure in-8°.

Le Général Souham, 1760-1837. — Paris, Alphonse Picard et fils, 1897, un volume in-8°.

Pierre Sparvier, peintre d'histoire, de fleurs et de portraits, 1663-1731. — Brive, Roche, 1898, broch. in-8°.

Quelques marchés d'impressions au XVIIe siècle. — Limoges, v^e^ Ducourtieux, 1899, broch. in-8°.

Petites Notes historiques. — Tulle, Crauffon, 1901, un vol. grand in-18.

La Vie à Tulle aux XVIIe et XVIIIe siècles. (Ouvrage couronné par l'Académie Française, prix Marcelin Guérin). — Paris, Alph. Picard et fils, 1902, un vol in-8°.

Discours d'Installation à la Présidence de la Société archéologique et historique du Limousin. — Limoges, v^e^ Ducourtieux, 1902, broch. in-8°.

Octave Lacroix à Ciboure. — Tulle, Crauffon, 1902, brochure in-12.

Les Premiers Calendriers républicains de la Corrèze. — Limoges, Ducourtieux et Gout, 1902, broch. in-8°.

Note sur un Marché relatif à la Confection de Tapisseries d'Aubusson (1695). — Paris, Impr. Nationale, 1903, broch. in-8°.

Le Sergent Lovy. — Tulle, Crauffon 1904, broch. in-12.

Tulle, Imp. Crauffon, 1-05.

www.ingramcontent.com/pod-product-compliance
Ingram Content Group UK Ltd.
Pitfield, Milton Keynes, MK11 3LW, UK
UKHW021118220726
13924UKWH00004B/1795

9 782019 923112